國家社科基金重大委托項目“《子海》整理與研究”成果
山東省社科規劃重大委托項目成果

子海精華編

主編 王承略 副主編 聶濟冬

老子彙校新解

黄懷信 著

鳳凰出版社

圖書在版編目（CIP）數據

老子彙校新解 / 黄懷信著. -- 南京 : 鳳凰出版社,
2016.6（2017.3重印）
（子海精華編 / 王承略主編）
ISBN 978-7-5506-2369-9

Ⅰ. ①老… Ⅱ. ①黄… Ⅲ. ①道家②《道德經》—注
釋 Ⅳ. ①B223.12

中國版本圖書館CIP數據核字(2016)第088120號

書　　名	老子彙校新解
著　　者	黄懷信
責任編輯	汪允普
出版發行	鳳凰出版傳媒股份有限公司 鳳凰出版社(原江蘇古籍出版社) 發行部電話025-83223462
出版社地址	南京市中央路165號,郵編:210009
出版社網址	http://www.fhcbs.com
經　　銷	鳳凰出版傳媒股份有限公司
照　　排	江蘇鳳凰製版有限公司
印　　刷	江蘇鳳凰揚州鑫華印刷有限公司 揚州市江陽工業園蜀崗西路9號,郵編:225008
開　　本	890×1240毫米　1/32
印　　張	5.5
字　　數	119千字
版　　次	2016年6月第1版　2017年3月第2次印刷
標準書號	ISBN 978-7-5506-2369-9
定　　價	33.00圓

(本書凡印裝錯誤可向承印廠調換,電話:0514-85868858)

國家社科基金重大委托項目“《子海》整理與研究”成果之一

《子海精華編》

執行編纂(按姓氏筆畫排列):

王　皓　王軍傑　布吉帥　吕倩嵐　李　飛　李　濤

李才朝　李秋丹　宋　凱　宋豔麗　馬常録　高金霞

陳旭寧　陳恒新　孫　娟　許建立　康廷山　葛洪春

蔡　喆　鞏玉婷　劉婷婷

編　　務:張　櫻　鄭珺霞　劉　端　孫紅苑

《子海精華編》出版説明

“子海”，即“子書淵海”的簡稱。“《子海》整理與研究”課題係國家社科基金重大委托項目、山東省社科規劃重大委托項目。該課題分《珍本編》、《精華編》、《研究編》、《翻譯編》四個版塊，力圖把子部珍稀文獻、精華文獻進行深層次的整理、研究和譯介，挖掘子部文獻的價值，促進子學研究的發展。

山東大學向來以文史見長。古籍整理與子學研究，是其中的傳統研究方向。“《子海》整理与研究”，是在山東大學前輩學者高亨先生積 30 年之力陸續做成的《先秦諸子研究文獻目録》的基础上，由已故著名古籍整理與研究專家董治安先生參與策劃、設計的大型綜合研究課題。課題立項後，得到了中宣部、教育部、財政部、山東省政府和山東大學的大力支持，學界同仁踴躍參與。《精華編》的整理研究團隊近 200 人，來自海内外 48 所高校和研究機構。在組織管理上，《精華編》努力探索傳統文化研究協同創新的新體制、新機制，現已呈現出活力和實效。

華夏文明是由多元文化構築而成的。中國古代子部典籍，以歷代士人個性化作品的形式，系統性地展示了華夏民族的世界觀和方法論，立體性地反映了中華民族對世界文明發展的貢獻。其中，無論是宏篇大論，還是叢殘小語，都激蕩著歷史的聲音，閃爍著智慧的光芒，構成中國古代思想、藝術、科技和生活方式的主體内容。《精華編》通過對子部最优秀的典籍的整理，一方面擷英取粹，爲華夏文明的傳播提供可靠的資源和文本；另一方面以古鑒今，爲當下社會的發展提供智力支持和精神支撑。并希望進而梳理中華傳統文化的多元結構，繼承中華優秀傳統文化的一貫文脈。

根據漢代以後子學發展和子部典籍的實際情況，參照官私目録的分類與著録，《精華編》選取先秦諸子、儒學、兵家、法家、農家、醫家、曆算、術數、藝術、雜家、小説家、譜録、釋道、類書等十四個類目的要籍幾百種，編爲目録，作爲整理的依據，而在成果展現上則不出現具體的類目。爲統一體例，便於工作，《精華編》編有詳細的《整理細則》，并有簡明的《整理要則》，供整理者遵循使用。

《精華編》整理原則是，對每種子書的整理，突出學術性、資料性和創新性，力求吸納已有的整理成果，推出更具參考價值、更方便閱讀的整理文本。所採用的整理方式，大體有三種：一、部頭較大且前人未曾整理者，採用標點、校勘的方式整理；二、前人曾經標點、校勘者，或採用抽换更好或别具學術特色底本的方式整理，或採用集校、集注的方式整理，或採用校箋、疏證的方式整理，或綜合使用以上方式；三、前人已有較好的注本者，則採用集注、彙評、補正等方式整理。

《精華編》採用五次校審、遞進推動的管理程式，即：一、初校全稿。子海編纂中心組織碩、博研究生，修改文稿錯别字，規範異體字，調整格式，發現並標明校點中的不妥之處。二、初審文稿。子海編纂中心的編纂人員根據情況，解決初校時發現的問題，并判斷書稿的整體質量。三、匿名評審。

聘請資深教授通審全稿,全面進行學術把關,消滅硬傷,寫出審稿意見。四、修改文稿。子海編纂中心及時把專家審稿意見反饋给整理者。整理者根據審稿意見修改,做出新文稿。五、終審文稿。待新文稿返回子海編纂中心後,總編纂作最後的學術質量把關。五步程序完成後,將文稿交付出版社。

五次校審的目的是爲了保證學術質量,提高整理水平,減少錯訛硬傷。但校書如塵埃落葉,隨掃隨有,《精華編》雖經多道程序嚴加把關,仍難免有錯,懇請方家不吝指教。子海編纂中心將及時總結經驗,吸取教訓,把工作做得更好,以實現課題設計的初衷。

目　録

整理説明

《老子》,或稱《道德經》,又合稱《老子道德經》,是中國傳統道家的經典文獻,也是中國古代哲學的重要載體。它所蘊含的思想,在中國傳統文化中占有重要位置,因而,也就成爲中國學術永恒的研究對象與課題。儘管歷史上相關的研究論著已經數以千計,尤其是近年以來的成果亦以百計,但是迄至今日,諸如其作者、時代、成書,乃至性質等問題,仍然没有完全解決;具體的文義與思想,更是多存異説。這種現象,既正常又不正常。因爲"仁者見仁,智者見智",是歷來的"規矩";而客觀事物的面貌,又必須是一定的。存在異説,本身説明其真實面貌還没有被完全發現,或者没有被大家所認同。加上時代的變遷,人們的觀念與認識水準也會不斷發生變化。所以,《老子》研究還需要繼續。另外,由於《老子》一書本來就版本衆多,加上近年以來又有數種出土本問世,其文本方面的問題就顯得特別突出。雖然校勘方面的成果已經不少,但問題依然不少。尤其是文本中的部分固有錯誤,迄今並没有被發現,一直影響對其文義及老子思想的認識,這是以往研究者所没有注意到的。

本編目的,是想通過對《老子》原文的重新校勘和注訓,一方面盡可能地恢復其文本的舊貌,一方面最大限度地揭示其文辭的本義,爲最終發現真老子創造條件。因爲我們始終認爲,任何文獻,其反映的思想必須是一定的,其文辭的用義必須是一定的,其文本的原貌必須是一定的。而思想由文辭決定,文辭由版本決定,版本則必須經過校勘。所以我們還是從校勘文本入手。當然,前人在這方面的工作,已經做有不少,但是我們發現,其未盡、未是處依然不少,特别是有些地方看似没有異文,實際則可能存在問題。比如二十五章"強爲之名曰大。大曰逝",二"大"字皆可疑問;三十二章"道常無名","道"字恐亦有誤;三十八章"上德不德,是以有德;下德不失德,是以無德",也明顯不合道理,等等,可見需要再校勘。

《老子》舊本衆多,傳世最早最完善者莫過於漢河上公章句本和魏王弼注本。關於二本之來歷,陸德明《經典釋文·老子音義》記載曰:"河上注爲章句四卷,(漢)文帝徵之不至,自至河上責之,河上公乃踴身空中。文帝改容謝之,於是授以漢文《老子章句》四篇,言治身治國之要,其後談論者莫不宗尚玄言。唯王輔嗣(按即王弼)妙得虛無之旨。"晋人葛玄《老子道德經序》亦有此説,看來不是虛語。然而《漢書·藝文志》則不著其本,所以後人或疑其爲東漢人所僞托。今以文字觀之,其出王弼之前當無疑問。王弼本雖出河上公本,但文句頗有異同,所以向來被視屬兩個不同的系統。二本之外,最有價值者莫過唐太史令傅奕所校定之《道德經古本》,相傳出自項羽妾冢。該本文字與馬王堆帛書本最爲接近,説明其確有所本。另有唐景龍二年(708)易州龍興觀《道德經碑》本,清人錢大昕謂其"爲唐初所刻,字句與他本多異。如(略)之類皆從古字",以爲"遠勝他本";嚴可均謂"世間真舊本,必以景龍碑爲最”。雖皆有過譽不實之辭,但其爲善本則亦可知。其餘傳世本雖多,但整體上無過此數本者。

馬王堆帛書本於 1973 年 12 月出土於長沙馬王堆三號漢墓,凡甲、乙兩種抄本。據出版説明,其甲本“抄寫年代可能在高帝時期”,乙本“抄寫年代可能就在文帝時期”,因爲其墓葬年代當文帝時期。可見至少其甲本之時代,要早於河上公本。但因其殘缺較多,又多古字,而且只是一部個人抄本,所以不宜作爲底本。較帛書本更早的,是 1993 年於湖北荆門市沙洋區四方鄉郭店村郭店一號楚墓出土的郭店簡本。該墓“具有戰國中期偏晚的特點,其下葬年代當在公元前四世紀中期至三世紀初”(《荆門郭店一號楚墓》,《文物》1997 年第 7 期)。郭店簡本《老子》有甲、乙、丙三組,其中甲組包括今本之 19、66、46(中段和下段)、30(上段和中段)、15、64(下段)、37、63、2、32、25、5(中段)、16(上段)、64(上段)、56、57、55、44、40、9 諸章;乙組包括今本之 59、48(上段)、20(上段)、13、41、52(中段)、45、54 諸章;丙組包括今本之 17、18、35、31(中段和下段)、64(下段)諸章。可見除 64(下段)章外,基本上没有重疊,所以有可能同屬一本。該本章段順序與傳世本不同,各章段之間亦多無邏輯聯繫,似不可能爲《老子》原本,所以也不宜用作底本。

另外,帛書、郭店簡本雖或有分章標記,但均無章題或序號,帛書本更是“德經”在前、“道經”在後,與傳世本正相反。究竟何者爲原始,論者各家有不同認識。不過以今本三十八章言“故失道而後德,失德而後仁”觀,則“道經”本應在前的可能性大,只是後人分題其書之上、下篇爲“道經”、“德經”,本身就不合理,因爲其下篇即所謂“德經”之中,多數仍是言

“道”，可見並非專言“德”。而且所謂“德”，多數又指德性，而不是道德。所以合稱《道德經》，就更不恰當，容易使人誤解。因此本編從《史記》“老子乃著書上卜篇”之說，純分上、下篇。至於分章，傳世本作 81 章，亦當自河上公始。應該説，81 章之分，多數是正確的，但亦有不少未妥者。如一、五、十五、二十九、三十二、三十五、三十六、四十六、六十四、八十一諸章，似均可以分爲兩章（詳篇内）。當然，今本包括帛書本之章次，也許已經失去其原始順序。比如“有物混成，先天地生…… 吾不知其名，故強字之曰道，強爲之名曰大（道）”，理應在首章“道可道，非常道；名可名，非常名”之後，而今本卻在二十五章，帛書本也有大致相當的間隔，可見均有問題。

《老子》舊注，亦以河上公《章句》和王弼注爲最古，影響最大。後世以及今人之注，率由二家出。當然，後世之注，也各有新的發明。尤其是今人各家之譯注，已使其原文變得明白如話，取得了巨大進步。只是一則各家所據版本不同，或者所校結果不一；二則文辭理解乃至標點斷句不同，所以其譯文以及譯文所反映的思想則多有不同。特别是部分章段的理解，雖然古今皆無異辭，但實際則有問題。比如首章首句“道可道，非常道”之第二個“道”字，自河上公解爲“稱道”，今人幾無不用“言”或“説”譯解之。而事實上我們知道，“道”本來就不是説物，怎麽可以説“道可説”？《説文解字》云：“道，所行道也。”即人所走的路。説明“道”本來是走的、行的。所以，理應説“道可以走”。再説若以“道可以説則非常道”，或者“道可以説但非常道”解之，那麽何道爲可説，何道爲不可説？常道是什麽？老子的本意又是什麽？均不好回答，可見確實不能那樣解。又如三十九章“昔之得一者：天得一以清，地得一以寧，神得一以靈，谷得一以盈，萬物得一以生，侯王得一以爲天下正”之“一”，傳統理解爲“道”，恐亦大謬不然（詳篇内），天地萬物，何言得道？還有其“德”，迄今多以普通道德之德解，亦殊不妥。當然，還有其他的誤解。可見問題不少，所以需要重新認識。

至於《老子》之作者，又需要從其成書時代入手去發現。郭店簡本之時代，已知其所出墓葬的下葬年代在公元前四世紀中期至三世紀初，那麽其成書自應更在其前。只是郭店簡本内容較少，所以或謂其爲春秋老聃之原作，而以内容較完備之帛書本爲戰國太史儋在其基礎上所總成。這種説法，似也難以取信。因爲被作爲戰國重要時代印記的“仁義”、“取天下”，在郭店簡本中就有，儘管各只一見。另外郭店簡本“絶僞棄詐”在帛書本作“絶仁棄義”，也被視爲郭店簡本爲原始的鐵證。事實上郭店簡本之“絶僞棄詐”，也絶非原作，因爲該句上下文分别有“絶知棄辯”與“絶巧棄利”。知、辯、巧、利，皆常人眼中正面的東西，爲人所提倡；而僞與詐，本來就爲人所不齒，焉能受到提倡？又何言絶與棄？再説僞詐與孝慈，似也没有關係。而仁和義，則正與知、辯、巧、利屬於同類。所以，這裏只能是“絶仁棄義”爲原作，“絶僞棄詐”屬誤改。之所以改，當與抄寫者之儒家觀念有關，我們知道，郭店簡除《老子》外，基本全是儒家文獻，説明其抄寫者屬儒家。當然，今本包括帛書本中確有較晚出的文句，但其畢竟非當時《老子》之全部，而只是不完整的抄本，而且文字之間亦多脱誤。如今本六十三章“爲無爲，事無事，味無味。大小多少，報怨以德。圖難於其易，爲大於其細。天下之難作於易，天下之大作於細。是以聖人終不爲大，故能成其大。夫輕諾必寡信，多易必多難”，郭店簡本作“大小之，多易必多難”，脱“大小”以下近五十字。所以，決不能視之爲原始之本。但帛書本及今本中又確有超出郭店簡本的文句，又説明郭店簡本確較原始，看來其確有更早的來歷。加之既名“老子”，想必與春秋老聃有一定關係。前人或謂《老子》言“報怨以德”，而《論語》孔子反對“以德報怨”，證明《老子》早於《論語》。今按此説雖有一定道理，但也不能完全肯定。因爲《老子》原文作“大小多少，報怨以德”，意思是國君對於老百姓的怨恨，不管大小多少，都要以德報之。而《論語》原文則作“或曰：‘以德報怨，何如？’子曰：‘何以報德？以直報怨，以德報德’”，可見所言並不是一回事。而且有一個明顯的證據，就是春秋以前人多言“小大”，而不説“大小”。比如《尚書》、《逸周書》均作“小大”，《論語》有子曰“小大由之”、孔子亦曰“無小大”，而《老子》則曰“大小多少”。可見《老子》成書於戰國的可能性大。具體年代，前人或謂當孟、莊之間，不無見地。因爲我們知道，《莊子》書中除雜篇《天下》引老聃曰“知其雄，守其雌，爲天下谿；知其白，守其辱，爲天下谷”等明在今本外，屬内篇的《大宗師》中，也有與《老子》有關的内容。如云“夫道，有情有信，無爲無形；可傳而不可受，可得而不可見；自本自根，未有天地，自古以固存；神鬼神帝，生天生地；在太極之先而不爲高，在六極之下而不爲深，先天地生而不爲久，長於上古而不爲老”之類。所以，其在莊子以前也可以肯定。考莊子生年爲公元前 369 年，正在郭店簡本所出之上限之前。至於是否在孟子（前 337？—前 289）之後，似還不能確定。因爲“仁義”一詞雖《孟子》多言，但並非最早。比如《大戴禮記》載孔子與哀公對話中，就多有之，只是《大戴禮記》中的材料屬於

“記”，不無後人潤色改造之可能，但又不可能太晚。所以我們認爲，今本《老子》的成書時代，應該在戰國早期；其作者，應是春秋李聃之後學。就是説今本《老子》是李聃後學在李聃原作基礎上增訂而成。至於李聃原作究竟是何面貌，今已不可確知。

關於《老子》的性質，前人有“兵書”之説，自然不妥。因爲我們看到，全部八十一章之中，除了部分講“道”與“德”的基本道理之外，其餘大都是爲國君立言，講的全是君主“治身治國之要”，是教國君做“聖人”。《漢書·藝文志》稱道家之書爲“君人南面之術”，應該是正確的，儘管其“道家”不全指老莊。所以，其性質應該屬於政論書。從這個意義上説，其作者又必是一位欲“以道佐人主”者。

《老子》的思想，自然是以“無爲”爲主綫，但只是就君主而言，並非是叫老百姓無所作爲。這一點，是必須要清楚的。而“無爲”思想，又是從“道”的特徵推導出來的。所謂“道”，是指大自然所遵循的道路，即自然規律，或客觀規律。二十五章言“道法自然”，已講得非常明白。而這個“道”，人顯然是不可以走的，而且又是永恒的，所以開篇首章便説“道可道，非常道”，可見是要表達“道”是永恒的意思。這一點，並没有錯。但問題是“道”是永恒的，而人則是有壽的，那麼“道”無爲，人爲什麽也必須無爲？可見没有道理。事實上，老子的這一思想，是因當時各大國之人主過於有爲，各自皆欲取天下而産生的，是對當時政治的批判與反對，可見又非無因。

還有一點需要説明，就是《老子》中雖然藴含哲學思想，但畢竟不是專門爲了講哲學，所以研究《老子》思想，不能只着眼於哲學，或者僅從哲學角度去認識，而應首先在文義上下功夫，從文字上真正讀懂它，然後再去發現其所體現的哲學思想。事實上如果我們真正讀懂了《老子》，就會發現真實的老子思想其實並不複雜，而以往卻被人爲地講得過於深奥。

本書整理條例如下：

一、各章分别由《老子》原文、校釋、訓譯三部分組成；

二、校釋包括彙校和注釋，先列彙校，後列注釋，彙校和注釋之間以"〇"相隔，無彙校者直接注釋，前亦加"〇"；

三、每章章題之下附章旨，簡要指明各章之主旨或大意、分章之當否，以及對河上公本章題之解析。

四、《老子》原文以《四部叢刊》所影《老子道德經》漢河上公章句宋刻本爲底本，底本誤者據參校本改正，皆出校記；

五、參校本有價值之異文亦出校記，並指明其是非正誤；

六、校記於各本之正誤，一般直曰"是"、"非"或"誤"，其理由可參注釋、訓譯與章旨，不詳述。

七、主要參校本包括：

1. 魏王弼《老子道德經注》，清光緒元年浙江書局重刻明華亭張子象本，簡稱王本；

2. 唐傅奕校定《道德經古本》，明正統《道藏》本，簡稱傅本。

3. 馬王堆漢墓帛書《老子》，整理小組釋文，文物出版社1976年版，簡稱帛書本；帛書本以甲本爲主，甲本闕者據乙本；

4. 郭店楚墓竹簡《老子》，荆門市博物館編《郭店楚墓竹簡》釋文，文物出版社 1998 年版，簡稱郭店簡本。

以上四本，合稱“諸本”。

5. 唐景龍二年易州龍興觀道德經碑，簡稱景龍碑本。

八、校勘有吸收前人成果者，皆隨文注明；

九、原文疑誤而無版本依據者，於誤字後括弧内注明正字；

十、舊本文句有顛倒錯互者，或作移正，出校記；

十一、注釋以訓詁明義謂原則，不做過多發揮；個別有前人誤解者，則稍加辨析；

十二、訓譯據校正後的經文譯出，有經文省略者，則於括弧内補足之；

十三、一章原文宜作兩章者，皆另提行以示區分；

十四、爲了方便讀者檢索，特附主要字詞索引於書後。

上 篇

一章

這一章前兩句講只有不可行、不可名之“道”，即自然規律，才是永恒的，宜獨立爲章；“無”以下講“無”和“有”，自爲一章。二者同爲全書立論的依據，故後人合爲一章。河上公本題“體道第一”，似也以之爲全篇之總綱。今之二十五章，疑當在“道可道”、“名可名”二句之下。

道可道，非常道；①名可名，非常名。②

---

① 道可道非常道，帛書本“可道”、“常道”下均有“也”字，非，“可道”下不當有；“常”作“恒”，本字，義同。後同，不復出。〇道，本指道路，引申凡有固定綫路皆曰道，包括思想主張、自然規律等等。“可道”之“道”，做動詞，指行、走。路曰道，行其路亦曰道，所謂動靜同詞。前人以此“道”爲“説”，不足爲訓，因爲“道”非説物。“常”，永恒不變。二句言道若可以走，就不是永恒之道。言下之意，只有不可走之道，才是永恒之道。而不可走之道，就是二十五章“有物混成，先天地生。寂兮寥兮，獨立而不改，周行而不殆，可以爲天地母。吾不知其名，故強字之曰道，強爲之名曰大(道)”之“道”，指自然規律。可見是爲後文言“道”張本。

② 名可名非常名，帛書本“可名”、“常(恒)名”下均有“也”字，亦非，“可名”下不當有。〇名，名字，事物之稱謂。稱謂曰名，稱其稱謂亦曰名。二句言名字若可以叫，就不是永恒之名。言下之意，只有不可叫之名，才是永恒之名。不可叫之名，即二十五章“強爲之名曰大(道)”之“名”。可見與上句同指，皆謂“道”。

"無"名天地之始,"有"名萬物之母。[①] 常無欲,以觀其妙;[②]常有欲,以觀其徼。[③] 此兩者同出而異名,同謂之玄。[④] 玄之又玄,衆妙之門。[⑤]

【訓譯】

道(如果)可以走,就不是永恒的道;名(如果)可以叫,就不是永恒的名。

(如果)用"無"做天地之始的名,用"有"做萬物之母的名,(那麼)經常守着"無",就可以看到它的奥妙;經常探究"有",就可以知道它没有邊際。這兩者同出一源而名字不同,都叫做"玄"。玄上加玄(即"無"加"有"),是所有奥妙的總門户。

---

① 天地之始,帛書本"天地"作"萬物",誤;末有"也"字,是,表示假設。下句同。○"有"、"無",皆名詞。四十章:"天下萬物生於有,有生於無。""名",做動詞。舊或以"有名""無名"斷句,則與下文不協。

② 常無欲,"常"前原有"故"字,從帛書甲本、景龍碑本删;帛書本末有"也"字,語助詞。以觀其妙,景龍碑本無"以"字,蓋連上讀"欲觀"爲詞,非。下"以觀其徼"句同。○"無欲"連讀。第三章"常使民無知無欲",第十九章"少私寡欲",第三十七章"鎮之以無名之朴,亦將不欲。不欲以静,天下將自定",皆以"欲"字上屬。"常無欲",謂守無,即守其原始。舊或讀"常無"、"常有"爲句,不成辭。"以",謂可以。"其",指"無"。"觀",謂見知。"妙",指化生萬物之妙。

③ 常有欲,帛書本末有"也"字,語助詞。以觀其徼,帛書本"徼"作"噭",借字;"噭"前有"所"字,非。○常有欲,謂探究"有"。其,指"有"。徼,邊際,這裏指無邊際,省"無"字。言經常探究"有",就可以知道其没有邊際。

④ 此兩者同出而異名同謂之玄,帛書本作"兩者同出,異名同胃(謂)",義雖同而與下文不協,當是後人所改。○此兩者,指"無"和"有"。"無"和"有"皆"道"所生,所以説同出而異名。同様玄妙不可思議,故同謂之玄。

⑤ ○玄之又玄,指"無"加"有"。萬物之所出,故曰衆妙之門。

二章

這一章講事物相互對立與轉化的規律是永恒的,從而得出無爲思想,以教人。河上公本題“養身第二(按:以下各章皆省去排序)”,似從“夫唯弗居,是以不去”之“不去”説,非主旨。

天下皆知美之爲美,斯惡已;①皆知善之爲善,斯不善已。② 有無之相生、難易之相成、長短之相形、③高下之相傾、音聲之相和、前後之相隨,④恒也。⑤ 是以聖人處無爲之事,行不言之教;⑥萬物作而不辭,⑦爲而不恃,功成而弗居。⑧ 夫

---

① 斯惡已,帛書本、郭店簡本無“斯”字,省。〇已,同“矣”。下同。

② 皆知善之爲善,帛書本、郭店簡本作“皆知善”,亦省。斯不善已,帛書本“斯”作“訾”,借爲“此”;郭店簡本作“此其不善矣”,義同。

③ 有無之相生難易之相成長短之相形,句首原有“故”字,今從帛書本、郭店簡本删;三“之”字原無,從傅本、帛書本、郭店簡本增,與後“恒也”協;郭店簡本“無”作“亡”,同,不復出;帛書本、郭店簡本句末各有“也”字,語助詞。下同。長短之相形,王本“形”作“較”,非。〇形,體現。

④ 高下之相傾,帛書本、郭店簡本“傾”作“盈”,借字。前後之相隨,郭店簡本“前後”作“先後”,義同。

⑤ 恒也,此二字原無,今從帛書本增。

⑥ 是以聖人處無爲之事,帛書本“聖”作“聲”,借字。後同,不復出。帛書本、郭店簡本“處”作“居”,義同,後不復出。〇聖人,指聰明的君主。後皆同。處,猶爲,做。

⑦ 萬物作而不辭,“作”後原有“焉”字,從景龍碑、傅本、帛書本、郭店簡本删。傅本作“萬物作而不爲始”,衍“爲”字;帛書本、郭店簡本作“萬物作而弗始”,“始”疑借爲“辭”。郭店簡本末有“也”字,義同。〇作,産生。

⑧ 爲而不恃,帛書本、郭店簡本作“爲而弗志(恃)也”,義同。按此句前原有“生而不有”句,當是後人所增,今從帛書本、郭店簡本删。功成而弗居,帛書本脱“成”字,末有“也”字;郭店簡本無“功”字,當脱;傅本作“功成不處”,景龍碑本亦無“而”字,義同。

唯弗居，是以不去。①

【訓譯】

天下人都知道美的東西美，它就不美了；都知道好的東西好，它就不好了。有和無的相互産生、難和易的相互成全、長和短的相互體現、高和低的相互依存、音和聲的相互應和、前與後的相互跟隨，都是永恒的。所以，聰明的君主做不作爲的事情，行不言語的教化；萬物産生了而不拒絶，做了事情而不依賴，功業成了而不占據。正因爲不占據，所以也就不存在離開。

三章

這一章講無爲而治的治民之道。河上公本題“安民”，從使不爭、不亂説。

不尚賢，使民不爭；②不貴難得之貨，使民不爲盜；③不見可欲，使民心不亂。④ 是以聖人之治：⑤虚其心，實其腹；⑥弱

① 夫唯弗居，郭店簡本末有“也”字，傅本“弗居”作“不處”，義並同。是以不去，帛書本、郭店簡本“不”作“弗”，同，不復出；郭店簡本末有“也”字，義同。○夫唯，正因爲。

② 不尚賢，帛書本“尚”作“上”，義同。○賢，多才之人。

③ 使民不爲盜，景龍碑無“爲”字，非。○難得之貨，指實物、錢財。

④ 使民心不亂，“民”字原脱（景龍碑本同），從傅本、王本、帛書本補。帛書本無“心”字，當脱。○見，讀爲“現”，顯現。

⑤ 是以聖人之治，“之”字原脱（景龍碑本同，無“是以”），據諸本補，傅本、帛書乙本末有“也”字，語助詞。○聖人，指聰明的君主。治，謂治民。

⑥ ○虚其心，謂不使學知識。

其志,強其骨;[1]常使民無知無欲,[2]使夫知者不敢爲也。[3] 則無不治矣。[4]

【訓譯】

不崇尚賢才,使人不爭奪名利;不看重錢財,使人不做盜賊;不顯現可以引起欲望的東西,使人心不被惑亂。所以聰明君主治民的方法是:空虛他們的心靈,填飽他們的肚子;削弱他們的意志,強壯他們的筋骨;經常使他們没有知識、没有欲望,使那些有智慧的人不敢作爲。就没有治理不好的了。

四章

這一章講"道"的特徵:空虛而作用無窮,隱匿而又現實存在,悠遠不知所自。河上公本題"無源",從悠遠説。

道沖,而用之或不盈。[5] 淵乎似萬物之宗。[6] 挫其鋭,解

① ○弱其志,謂不教化。

② 常使民無知無欲,帛書本末有"也"字,義同。

③ 使夫知者不敢爲也,傅本無"也"字,景龍碑本無"夫"字,皆省。帛書乙本無"者"字,當脱。○知,讀爲"智"。

④ 則無不治矣,傅本"治"作"爲",非;"矣"字原無,據帛書本增。按:此句前原有"爲無爲"三字,今從景龍碑本删。帛書乙本有"弗爲而已","弗"字當衍,"爲而已"連上"使夫知者不敢"讀,是亦無"爲無爲"三字。

⑤ 道沖而用之或不盈,傅本"沖"作"盅",借字;"或不盈"作"又不滿",漢人避諱所改;帛書本"或不盈"作"有弗盈也","有"爲借字。景龍碑本"或"作"久",非。○沖,虛也。用道,即利用自然規律。

⑥ 淵乎似萬物之宗,景龍碑本作"深乎萬物宗",非。○淵,謂淵源深遠,悠遠。

其紛，和其光，同其塵。① 湛兮似若存。② 吾不知誰之子，象帝之先。③

【訓譯】

“道”是空虚的，但用它卻用不完。悠遠啊，像是萬物的祖宗。深厚啊，又好像(現實)存在着。我不知道它是誰的兒子，(只覺得它)好像是天帝的祖先。

五章

這一章前半批評國君不仁，後人所補，宜作獨立一章；後半通過天地之間“虚而不屈，動而愈出”，而人則“多言數窮”的現象，説明人與天地自然不同，教育人守中少言，宜爲一章。河上公本題“虚用”，言空虚之用，貼合後半之旨。按：郭店簡本此章在“道法自然”章後。

天地不仁，以萬物爲芻狗；④聖人不仁，以百姓爲芻狗。⑤天地之間，其猶橐籥乎？⑥ 虚而不屈，動而愈出。⑦ 多言

---

① “挫其鋭”至“同其塵”，按：此十二字涉五十六章衍，當删，參彼。

② 湛兮似若存，諸本“若”作“或”，義同。景龍碑本作“湛常存”，非。

③ 吾不知誰之子，帛書本無“之”字，末有“也”字，省。○先，祖先。“道”先於天而有，故曰象帝之先。

④ 按：郭店簡本無“天地不仁”、“聖人不仁”二句，疑是古本。○仁，關愛他人。不仁，没有愛心。

⑤ ○按此“聖人”，泛指國君。芻狗，草扎的狗，祭祀用，用畢即焚棄。

⑥ 其猶橐籥乎，帛書本、郭店簡本“乎”作“與”，義同；“籥”字或作“籥”，借字。○橐籥，風箱。

⑦ 動而愈出，帛書本“動”作“踵”，借字。後同，不復出。“愈”作“俞”，借字，傅本同。虚而不屈，傅本“屈”作“詘”，借字。

數窮,不如守中。①

【訓譯】

天地不仁,把萬物當成草扎的狗,總是不停地抛棄;國君不仁,把百姓當成草扎的狗,用完了就不愛惜。

天地之間,大概像風箱吧:空虛卻不匱竭,越拉風就越出。(而人)多説話,言語往往就會匱竭。(所以,)不如把話守在心中。

六章

這一章講天地之根爲生物之神,永不死亡,産生萬物是其自然功能。河上公本題"成象",成象即生物。

谷神不死,是謂玄牝。② 玄牝之門,是謂天地根。③ 綿綿若存,用之不勤。④

【訓譯】

生産萬物之神永遠不死,這叫玄妙的雌性。玄妙雌性的産門,這叫天地的根。它綿軟得若有若無,生産毫不費力。

---

① 多言數窮,帛書本"言"作"聞",誤。不如守中,帛書本作"不若守於中",義顯。

② 谷神不死,帛書本"谷"作"浴",借字。〇谷,本山谷字,這裏借爲五穀之穀,生也。《爾雅·釋天》"東風謂之谷風",邢昺疏引孫炎曰:"谷之言穀;穀,生也。"谷神,生産萬物之神。玄牝,玄妙的雌性。

③ 是謂天地根,傅本、帛書本"天地"下有"之"字,可,本當有。〇門,謂産門。根,生物者。

④ 綿綿若存,帛書本作"綿綿呵(兮)若存",較原始。〇綿綿,綿軟貌,指"門"説。用之,謂生産。不勤,謂不費力,很自然。

七章

這一章以天長地久爲例，説明無私才能長久，教國君無私以成私。河上公本題“韜光”，從後身、外身説。

天長地久。① 天地之所以能長且久者，②以其不自生，③故能長生。④ 是以聖人後其身而身先，⑤外其身而身存。非以其無私邪？⑥ 故能成其私。

【訓譯】

天地長久不滅。天地之所以能够長久不滅，是因爲它們不爲自己而生，所以能够長生。因此，聰明的君主把自身置於百姓之後，結果卻在前面；把自身置於度外，結果卻能生存。不是因爲他無私嗎？（因爲無私，）所以他能成就自己。

八章

這一章講上善之人如水的道理，以及其行爲表現與好處，教人無私、利他。河上公本題“易性”，意思是教人學水以易性。

---

① ○長、久，指存在時間長。

② 天地之所以能長且久者，“之”字原無，從帛書本增。

③ 以其不自生，帛書本末有“也”字，可。○自生，爲自己而活着。

④ 故能長生，景龍碑本“長生”作“長久”，誤。○長生，長久活着。

⑤ 是以聖人後其身而身先，帛書本“後”作“芮”，借爲“退”。

⑥ 非以其無私邪，傅本、帛書本“非”作“不”，義同。邪，帛書本作“與”，義同。景龍碑本作“以其無私”，變反問爲肯定，義亦同。○後其身，置其身於最後。外其身，置其身於事外。

上善若水。[①] 水善利萬物而不爭。[②] 處衆人之所惡,故幾於道。[③] 居善地,心善淵,與善仁,言善信,政善治,事善能,動善時。[④] 夫唯不爭,故無尤。[⑤] 夫惟不爭,故天下莫能與之爭。[⑥]

【訓譯】

上等善人像水。水善於滋潤萬物,而不與萬物相爭。他們身處衆人所厭惡的卑微地位,就像水在低處,所以接近於"道"(自然規律)。他們居住善於隨遇而安,用心喜歡深沉,與人結交喜歡行仁,講話喜歡誠信,行政喜歡有條理,辦事喜歡有能力,行動善於把握時機。正因爲他們不與人相爭,所以没有人指責怨恨他們。正因爲他們不與人相爭,所以天下没有人能和他們爭。

九章

此章言萬事不可以求圓滿,教人循天之道,適可而止。河上公本題"運夷","夷"疑取平義。

---

① 上善若水,"若"字帛書甲本作"治",借爲"似";乙本作"如",義同。○上,謂上等。善,謂善人。

② 水善利萬物而不爭,帛書本"不"作"有",誤;"爭"作"靜",借字。景龍碑本"而"作"又",非。○利,謂滋潤。

③ 處衆人之所惡,帛書本無"人"字,省。故幾於道,傅本、帛書本末有"矣"字,非。○道,自然規律。

④ 與善仁,帛書甲本"與"作"予",借字;脱"善仁"及下句"信"字;乙本"仁"作"天",誤。景龍碑本"仁"作"人",誤。政善治,"政"字原作"正",借字,改從傅本、帛書本。○地,謂地勢、地理。善地,謂善於適應地理,隨遇而安。心,謂用心。淵,深。與,與人在一起,結交。仁,關愛他人。政,謂處理政事。能,有能力。時,把握時機。

⑤ 故無尤,傅本末有"矣"字,非。○尤,怨恨、指責。

⑥ 按:此句原錯在第二十二章,今移此。

持而盈之，不如其已。[1] 揣而鋭之，不可長保。[2] 金玉盈室，莫之能守。[3] 富貴而驕，自遺其咎。[4] 功遂身退，天之道哉！[5]

【訓譯】

堅持而使之圓滿，不如就此停止。捶打而使之鋭利，不能長久保持。金玉滿屋，没有人能够守住。富貴而驕横，是自遺災禍。功成而身退，是大自然的法則啊！

十章

這一章主要是舉例説明事物的必然性與客觀性，皆與“道”有關，教治國者知之守之。其中“愛民治國，能無知乎”，表面上與十九章“絶知”之説相矛盾，實際上此章是教國君有知識，所以又説“明白四達，能無知乎”，而十九章則是要求棄絶百姓之智。河上公本題“能爲”，取篇内“能”字。

按：此章末原有“生之畜之；生而不有，爲而不恃，長而不宰，是謂玄德”五句，涉五十一章衍，今删。

---

① 持而盈之，“持”字帛書本作“揎”，異體字；郭店簡本作“朱”，疑是借字。

② 揣而鋭之，“揣”字郭店簡本作“湍”，借字。“鋭”字傅本、王本作“棁”，帛書本乙作“允”，均借字；郭店簡本作“羣”，疑誤。“不可長保”及下“莫之能守”、“自遺其咎”、“天之道”後，帛書本、郭店簡本皆有“也”字，義同。○揣，捶打。

③ 金玉盈室，“盈”字原作“滿”，改從帛書本、郭店簡本；“室”字原作“堂”，今從傅本、帛書本、郭店簡本。

④ 富貴而驕，郭店簡本無“而”字，省。

⑤ 功遂身退，原作“功成名遂身退”（景龍碑本同），傅本作“成名功遂身退”，改從王本、帛書本、郭店簡本，天無遂名故。帛書本、郭店簡本“遂”作“述”，借字。天之道哉，“哉”字原誤在下章首作“載”，今移正。帛書本、郭店簡本作“也”。五十三章末句亦云“非道哉”。○日中則昃，月盈則虧，即所謂功遂身退，故曰天之道哉。

營魄抱一,能無離乎?① 摶氣致柔,能嬰兒乎?② 滌除玄覽,能無疵乎?③ 愛民治國,能無知乎?④ 天門開闔,能爲雌乎?⑤ 明白四達,能無知乎?⑥

【訓譯】

魂魄結合在一身,能没有分離嗎?(不能。)摶聚氣息達到輕柔,能像嬰兒嗎?(不能。)滌除鑑别能力,能没有瑕疵嗎?(不能。)愛民治國,能没有知識嗎?(不能。)天門開合,能成爲雌性器官嗎?(不能。)明白四達,能没有智慧嗎?(肯定有。)

十一章

這一章通過諸多實例,説明"無"的重要性。河上公本題"無用",言"無"之用也。

---

① 營魄抱一,句首原有"載"字,乃上章末字,借爲"哉",今移彼。"乎"字原無,從傅本、王本、帛書本增。下諸句同。○抱一,結合爲一,一指人身。人死則魂魄分離。人總有死的一天,説明結合起來的東西不可能長久,故云。

② 摶氣致柔,"摶"字原作"專",借字,改從帛書乙本,用本字。能嬰兒乎,傅本"能"下有"如"字,可。○摶氣,謂摶聚其氣息。能嬰兒乎,謂能如嬰兒乎,不能也。言强裝出來的不像。

③ 滌除玄覽,帛書本"覽"作"藍",借爲"鑑"。能無疵乎,帛書本"無"作"毋",借字。○玄覽,指玄妙、高超的鑑别能力。言客觀存在不因主觀認識而改變。

④ 愛民治國,帛書乙本"治"作"栝",疑誤。或讀"活",恐非,古無活國之説。能無知乎,傅本、帛書本作"能無(毋)以知乎",義同,"以"讀爲"有"。景龍碑本作"能無爲",與後句重復。按:"愛民治國,能無知乎",疑是後人所增。

⑤ 天門開闔,帛書本"開"作"啓",原字,"開"是避漢景帝諱所改。能爲雌乎,"爲"原誤"無",據景龍碑本改。○天門,不知所指,要爲能開合如門之物。言形式相同不等於就是。

⑥ 能無知乎,帛書本、傅本、王本"知"作"爲",非;帛書本、傅本"無"後原有"以"字,義同。○明白四達,形容極爲知理。言人若明白四達,就會有所作爲;欲無爲,就不能明白四達。

三十輻共一轂,①當其無,有車之用。② 埏埴以爲器,當其無,有器之用。③ 鑿户牖以爲室,當其無,有室之用。④ 故有之以爲利,無之以爲用。⑤

【訓譯】

三十根輻條圍着一個車轂,在它中間空虛無物的地方,才有車的作用。揉和泥土做爲容器,在它中心空虛無物的地方,才有容器的作用。鑿上門窗作爲房屋,在它中間空虛無物的地方,才有房屋的作用。(可見人們只是)以客觀實體爲財利,以空虛無物爲實用。

十二章

此章言五色、五音、畋獵、財寶對人無益,只有“五味”有用可取。河上公本題“檢欲”,檢,收斂也。

五色令人目盲,⑥五音令人耳聾,⑦五味令人口爽。馳騁田獵令人心發狂,難得之貨令人行妨。⑧ 是以聖人之治也,

---

① 三十輻共一轂,帛書本“共”作“同”,義同。〇共,讀爲“拱”,圍也。轂,車輪中心外裝輻條内穿車軸者。

② “有車之用”及下“有器之用”、“有室之用”後,帛書本皆有“也”字,義同。〇當,在。無,空虛無物處、空間。

③ 有器之用,帛書本“有”後有“埴”字,衍。〇埏,加水揉和。埴,粘土。

④ 鑿户牖以爲室,帛書本無“以爲室”三字,與上文不協。〇户牖,門窗。

⑤ 故有之以爲利,景龍碑本無“故”字,非。〇有,指客觀實體。利,指財貨。

⑥ 五色令人目盲,帛書本“令”作“使”,後二句同;“盲”作“明”,借字。〇五色,青、赤、黄、白、黑,泛指彩色。

⑦ 五音令人耳聾五味令人口爽,帛書本二句倒,與後二句又倒。〇五音,泛指音樂。

⑧ 難得之貨令人行妨,帛書本“妨”作“方”,借字。〇難得之貨,指錢財寶物。

爲腹而不爲目，①故去彼取此。②

【訓譯】

五色，使人視力減退；五音，使人聽力減退；五味，則令人口爽。馳騁打獵，使人心情狂野；錢財寶物，使人行動不正。因此，聰明的君主治理百姓，爲肚子不爲眼睛，所以去五色而取五味。

十三章

這一章講世人寵辱若驚的道理，教人忘記自我而爲天下。只有忘記自我，才會寵辱不驚，一心爲天下。河上公本題“厭恥”，“厭”疑讀爲“壓”；恥，辱也。

人寵辱若驚，貴大患若身。③ 何謂寵辱若驚？④ 辱爲下。⑤ 得之若驚，失之若驚，是謂寵辱若驚。⑥ 何謂貴大患若身？⑦ 吾所以有大患者，爲吾有身。⑧ 及吾無身，吾有何患？⑨

---

① 是以聖人之治也爲腹而不爲目，“之治也”及“而”字原無，今從帛書本增。

② 故去彼取此，帛書本“彼”作“罷”、“取”作“耳”，皆借字；“耳（取）”前有“而”字，義同。〇彼，指五色。此，指五味。

③ 人寵辱若驚，“人”字原無，從郭店簡本增。〇人，指世人。寵辱，謂對待寵辱的態度。

④ 何謂寵辱若驚，“若驚”二字原脱，從王本、傅本、帛書本增，後文“是謂寵辱若驚”是其證。郭店簡本無二字，亦非。〇若身，謂若貴身，承前省貴字。

⑤ 辱爲下，諸本“辱”作“寵”，疑本作“寵爲上，辱爲下”。帛書本、郭店簡本末有“也”字，帛書本“爲”上有“之”字，義同。按：此句疑是注語，當删。

⑥ 〇之，指寵、辱。

⑦ 何謂貴大患若身，按此句後以例當脱答語。

⑧ 爲吾有身，帛書本末有“也”字。

⑨ 吾有何患，帛書本無“吾”字，省；傅本末有“也”字，同“耶”。

故貴以身爲天下，則可托天下矣；①愛以身爲天下，乃可以寄天下矣。②

【訓譯】

世人對待寵辱像受到驚嚇，看重憂患就像看重自身。什麼叫對待寵辱像受到驚嚇？就是受寵、受辱像受到驚嚇，失寵、失辱也像受到驚嚇，這就叫寵辱若驚。什麼叫看重大憂患就像看重自身？……我之所以有憂患，就是因爲我有自身。等我没有了自身，我還有什麼憂患？所以，（如果誰）看重以身爲天下，就可以把天下托付給他了；（如果誰）喜歡以身爲天下，就可以把天下寄托給他了。

十四章

這一章描寫"道"的性狀及執"道"的作用。所言"故混而爲一"，與二十五章"有物混成"説一致。河上公本題"贊玄"，玄指其"夷"、"希"、"微"。

---

① 故貴以身爲天下，句末原有"者"字，從王本、帛書本删。景龍碑本作"故貴身於天下"，非；帛書本作"故貴爲身於爲天下"，疑亦誤；郭店簡本有"爲天下"三字。則可托天下矣，王本、帛書本、郭店簡本"則"作"若"，同；傅本、帛書本、郭店簡本"可"後有"以"字。"托"原作"寄"，與後句易，今從景龍碑本、傅本、帛書本、郭店簡本。"托"後原有"於"字，從王本、傅本、帛書本、郭店簡本删。"矣"字原無，從傅本、帛書本、郭店簡本增。

② 愛以身爲天下，句末原有"者"字，從王本、帛書本、郭店簡本删。乃可以寄天下矣，"乃"字傅本作"則"，王本、郭店簡本皆作"若"；"寄"字原作"托"，改從景龍碑本、傅本、帛書本；郭店簡本作"迲"，借字。"寄"後原有"於"字，從諸本删；"矣"字原無，從傅本、帛書本、郭店簡本增。帛書本作"女可以寄天下矣"，"女"字誤。〇二十七章云："不貴其師，不愛其資。"以身爲天下，猶無身也。

視之不見名曰夷,①聽之不聞名曰希,②搏之不得名曰微。③ 此三者不可致詰,故混而爲一。④ 其上不皦,其下不昧。⑤ 繩繩不可名,復歸於無物。⑥ 是謂無狀之狀,無物之象,是爲忽恍。⑦ 迎之不見其首,隨之不見其後。⑧ 執古之道,以御今之有。⑨ 以知古始,是謂道紀。⑩

【訓譯】

看它看不見,叫做"夷";聽它聽不見,叫做"希";摸它摸不着,叫做"微"。這三者都不可以進一步追究,所以混合爲一。把它放在上面不明亮,放在下面不昏暗。幽幽隱隱不可以名狀,所以又歸於"無"。這叫没有形狀的形狀,没有實物的形象。這是"惚恍"。而且迎面看不見它的頭,隨後看不見它的尾。(這就是"道"。)執持自古已有的"道",既可治理如今的現實,又可知道遠古的開始,這叫做"道紀"。

---

① 視之不見名曰夷,帛書本作"視之而弗見,名之曰微"。後二句句式同,"夷"在"搏之"句。○夷,無色也。

② ○希,無聲也。

③ 搏之不得名曰微,"搏"字王本作"摶",誤;帛書本作"捪",義同。○微,無形也。

④ ○混而爲一,即二十五章"有物混成"。

⑤ 其上不皦其下不昧,傅本、帛書本前有"一者"二字。"上"、"下"後傅本皆有"之"字,是。帛書本"皦"作"攸",疑是借字;"昧"作"忽",義同。

⑥ 繩繩不可名,傅本"繩繩"下有"兮"字;帛書本"繩繩"作"尋尋",借字,末有"也"字。○繩繩,音黽黽,幽隱貌。

⑦ 是爲忽恍,諸本"爲"作"謂";傅本"恍"作"芒",王本"忽"作"惚",同。○忽恍,同"惚恍",模糊不清。

⑧ ○不見其首尾,言始終存在。

⑨ 執古之道,帛書本"古"作"今",涉後誤。以御今之有,傅本"以"前有"可"字,義同,景龍碑本"御"作"語",誤。○古,謂自古已有。有,謂客觀存在,現實。

⑩ 以知古始,傅本、王本"以"作"能",義同。是謂道紀,景龍碑本"紀"作"已",誤。

十五章

這一章前半主要講善爲士者之容，後半主要講新成之道，宜爲兩章。河上公本題“顯德”，顯揚德行也。

古之善爲士者，必微妙玄達，深不可識。① 夫唯不可識，故強爲之容曰：②豫兮若冬涉川，猶兮若畏四鄰；③儼兮其若客，涣兮若冰之將釋；④敦兮其若朴，曠兮其若谷，渾兮其若濁。⑤

孰能濁以静之？徐清。⑥ 孰能安以動之？徐生。⑦ 保此

---

① 古之善爲士者，“士”字王本、景龍碑本、郭店簡本同；傅本、帛書乙本作“道”，非，與下不協。郭店簡本前有“長”字，讀爲“上”。必微妙玄達，“必”字原無，從郭店簡本增；“達”原作“通”，從帛書本、郭店簡本改。○士，任事之人。

② 故強爲之容曰，“曰”字原無，從傅本、帛書乙本增。

③ 豫兮若冬涉川，“豫”字原作“與”，借字，改從傅本、王本、景龍碑本。帛書本作“與呵(兮)其若冬涉水”，後諸“若”前亦皆有“其”字。王本此“兮”作“焉”，義同。景龍碑本無“兮”字，省。郭店簡本“兮”作“乎”，亦有“其”字，義同。下諸句並同。○豫，猶豫之豫，形容行爲慎重。冬涉川，猶豫不敢下水。猶，猶豫之猶，形容警覺、警惕。畏四鄰，言四面都是敵人。

④ 儼兮其若客，傅本、景龍碑本作“儼若客”，王本“客”誤“容”。涣兮若冰之將釋，王本同，傅本、景龍碑本作“涣若冰將釋”，省。帛書本“冰”作“淩”，義同；無“將”字，義長。郭店簡本作“涣乎其若釋”，疑脱“冰”字。

⑤ 敦兮其若朴，“敦”，帛書本作“沌”，郭店簡本作“屯”，皆借字。景龍碑本作“敦若朴”，省。曠兮其若谷，郭店簡本無此句。帛書本此句在“若濁”句後，“曠”作“滋”，借字；景龍碑本作“曠若谷”，省。渾兮其若濁，“渾”字王本同，傅本作“混”，本字；帛書本作“湷”，郭店簡本作“坉”，皆借字。景龍碑本作“渾若濁”，省。

⑥ 孰能濁以静之，郭店簡本“之”作“者”，義同；帛書本無“孰能”，脱；“以”作“而”，義同；王本作“孰能濁以澄靖之”，“靖”借爲“清”。徐清，傅本前有“而”字，郭店簡本前有“將”字，皆非。下“徐生”句同。○以，猶“而”，下同。

⑦ 孰能安以動之，“動”前原有“久”字，從景龍碑本、帛書本、郭店簡本删；景龍碑本、帛書本無“孰能”，省。

道者，不欲盈。夫唯不盈，故能敝而新成。①

【訓譯】

古代善於爲士的人，必定做事細緻精妙，思想玄奥通達，深沉不可認識。正因爲不可認識，所以勉強給他描繪儀容道：慎重的樣子，像冬天涉水過河；警惕的樣子，像四鄰都是敵人；莊重的樣子，像在做客；灑脱的樣子，像冰融化；敦厚的樣子，像未經加工的木材；心胸寬廣的樣子，像一座山谷；混合多能的樣子，像一潭濁水。

誰能渾濁而平靜？只有慢慢澄清。誰能安定而運動？只有慢慢活動。保守這種方法的人，不求圓滿。正因爲不圓滿，所以凋敝了能夠重新長成。

十六章

這一章以天物歸根爲例，教人致虚守静，知"常"明"道"。河上公本題"歸根"，取自章内。

致虚，極也；②守静，篤也。③ 萬物並作，居以須復

---

① 夫唯不盈，帛書本"不"後有"欲"字，衍；郭店簡本"盈"前有"尚"字，疑亦衍。故能敝而新成，"敝"原作"蔽"，改從帛書本。"而"原作"不"，傅本、帛書本作"是以能敝而不成"，皆與上句義不協。易順鼎《讀老劄記》曰："疑當作'故能蔽而新成'。"其説是，今從之。景龍碑本作"能弊復成"，義同。

② 致虚極也，"致"字原作"至"，改從王本、傅本、景龍碑本，用本字。"極"，郭店簡本作"恒"。"也"字原無，今從帛書本、郭店簡本增。下句同。按：致虚不可能爲恒，郭店簡本"恒"當是"極"字之誤。○至，同"致"，謂致達、做到。

③ 守静篤也，郭店簡本作"守中，篤也"。按："守中"與五章之"多言數窮，不如守中"之"守中"不同，乃"中道"之"中"，而該"中"爲儒家所提倡，郭店簡本當是傳抄者所改。郭店墓楚簡多爲儒家文獻，其主人必爲儒者。

也。[①] 天物芸芸，各復歸其根。[②] 歸根曰靜，是謂復命。[③] 復命曰常，知常曰明。[④] 不知常，妄作，凶。[⑤] 知常容，容乃公。公乃王，王乃天，天乃道。道乃久，没身不殆。

【訓譯】

（人心）達到空虚，是極致；守持清靜，爲篤實。萬物同時産生，活着等待回歸：（比如）各種植物，各自都回歸其根。回歸其根叫靜，這叫復命；復命叫常，知常叫明。不知常而胡亂作爲，凶險。知常則寬容，寬容就會大公無私。大公無私，就能使天下歸往。天下歸往，就能合乎自然。合乎自然，就會懂得"道"——自然規律。懂得"道"，就能長久，就會終身没有危險。

十七章

這一章講君主之優劣等次，認爲好君主應當無爲而治，順其自然。河上公本題"淳風"，淳，質樸也。

---

① 萬物並作，傅本"萬物"作"天物"，誤；"並"字帛書作"旁"、郭店簡本作"方"，皆借字。居以須復也，帛書本以下皆作"吾以觀其復"，"吾"、"觀"皆字之誤，今從郭店簡本；王本無"其"字，帛書本有"也"字，皆是。

② 天物芸芸，"天"原作"夫"，王本同，傅本作"凡"，今從帛書本。郭店簡本作"天道員員"，"道"字疑誤。"芸芸"，傅本作"紜紜"，本字；帛書本作"云云"，郭店簡本作"員員"，皆借字。各復歸其根，傅本、景龍碑本作"各歸其根"，帛書本作"各復歸於其根"。以下郭店簡本無。○天物，謂各種植物。

③ ○復命，恢復其本命。

④ 復命曰常知常曰明，帛書本作"復命，常也。知常，明也"，義同。

⑤ "妄"原作"萎"，以音誤，據注及諸本改。

太上不知有之,①其次親之譽之。② 其次畏之,其次侮之。③ 信不足,焉有不信。④ 猶兮其貴言,功成事遂。⑤ 百姓皆謂:“我自然!”⑥

【訓譯】

最好的君主,(因爲他無爲,)人民不知道他存在。次一等的,(因爲他爲人民做事,)人民親近並贊譽他。再次一等的,(因爲他殘暴,)人民畏懼他。最下一等的,(因爲他昏庸,)人民輕侮他。(君主的)誠信不足,於是人民就不相信他。(好君主)真悠閒啊,(他)連話也很少説,卻能成功成事。而百姓們説:“我很自然!”

十八章

這一章講仁義、大僞、孝慈、忠臣産生的原因,是對儒家的

---

① 不知有之,“不”原作“下”(各本皆同),與下文不協。陳鼓應曰:“吴澄本、明太祖本、焦竑本、鄧錡本、潘靜觀本、周如砥本都作‘不’。”以下文“親之譽之”等觀,作“不”是,“下”爲“不”字之壞,今改正。○太上,指君主説。不知,謂民不知。之,指君主。因其無爲,故不知有之。

② 其次親之譽之,傅本作“其次親之,其次譽之”,王本作“其次親而譽之”,帛書本、郭店簡本皆作“其次親譽之”,義皆同。帛書本“次”作“即”,借字。下同。

③ 其次畏之其次侮之,景龍碑本作“其次畏侮之”,義同;帛書本後“其次”作“其下”,亦同。

④ 信不足焉有不信,傅本前有“故”字,非;帛書本、郭店簡本“焉”作“安”,同;景龍碑無“焉”字,省。“有不信”原脱,據傅本、景龍碑本、帛書、郭店簡本補。○前“信”,謂信譽、誠信;後“信”,相信。焉,於是。

⑤ 猶兮其貴言,“猶”字王本作“悠”,本字。帛書本、郭店簡本“猶”作“猷”,借字;“兮”作“乎”(帛書本作“呵”),義同;末有“也”字,是。傅本末有“哉”字,同。景龍碑本作“由其貴言”,非。功成事遂,帛書本、郭店簡本作“成事述(遂)功”,義同。○猶,借爲“悠”,悠閒。貴言,説話少。

⑥ 百姓皆謂我自然,帛書本、郭店簡本“百姓”前有“而”字,後無“皆”字,當是古本;傅本、郭店簡本“謂”作“曰”,義同;郭店簡本末有“也”字。○我,百姓自稱。自然,猶自如,不受約束。

批判。河上公本題“俗薄”，謂其根源。

大道廢，焉有仁義。① 智惠出，焉有大僞。② 六親不和，焉有孝慈。國家昏亂，焉有忠臣。③

【訓譯】

大道被廢棄，才有了仁和義。智慧産生以後，便有了大奸大僞。六親不和，才講究慈善孝悌。國家陷入昏亂，才有所謂忠臣。

十九章

這一章講治國治民的根本方法，與儒家相反對。河上公本題“還淳”，還其質樸也。

絶知棄辯，民利百倍；④絶仁棄義，民復孝慈；⑤絶巧棄

① 焉有仁義，“焉”字原無，從帛書本、郭店簡本增。後二句同。○大道，偉大思想，最好的思想主張。《禮記·禮運》：“大道之行也，天下爲公。”廢，謂被廢棄。仁義，泛指各種道德規範。

② 智惠出焉有大僞，郭店簡本無。

③ 國家昏亂，郭店簡本“國”作“邦”，本字。“忠”字傅本、帛書本作“貞”，郭店簡本作“正”，皆借字。

④ 絶知棄辯，帛書以下皆作“絶聖棄智”。按：老子屢言“聖人”，似不應言絶聖，疑是後人據《莊子》改，今從郭店簡本。

⑤ 絶仁棄義，郭店簡本作“絶僞棄詐”，在“絶巧”句後。按：僞、詐本不應有，似不應再言絶棄，疑是傳抄者所改。上章“大道廢，有仁義”之所以不改，其説與儒家同。《禮記·禮運》載孔子曰：“大道之行也，天下爲公。……今大道既隱，天下爲家……禮義以爲紀……刑仁講讓。”民復孝慈，郭店簡本“孝”作“季”，誤；“慈”作“子”，借字。

利，盜賊無有。此三者以爲文不足，[1]故令之有所屬：[2]見素抱朴，[3]少私寡欲，[4]絶學無憂。[5]

【訓譯】

滅絶知識拋棄論辯，人民的利益會增長百倍；滅絶仁拋棄義，人民就恢復父慈子孝；滅絶工巧拋棄財物，盜賊就不産生。這三句話作爲法律條文還不够，所以要命令他們有所從屬：不裝飾外表，不雕琢内心；減少私心，降低欲望；滅絶學習，忘掉憂愁。

二十章

這一章前三句戒君主畏民，以下以君主口吻自我反省，教其無爲而重民，宜爲兩章。河上公本題"異俗"，異於俗人也。

唯之與阿，相去幾何？[6] 美之與惡，相去何若？[7] 人之所

---

① 此三者以爲文不足，帛書本"不"作"未"，傅本作"此三者以爲文而未足也"，義同。郭店簡本作"三言以爲辨不足"，"辨"字疑涉前誤。○三者，指以上"絶知棄辯"、"絶仁棄義"、"絶巧棄利"三者。文，指書面文字、法律條文，與"令"相對。

② 故令之有所屬，"之"字原無，從帛書本、郭店簡本增。郭店簡本作"或令之或乎豆（屬）"，前"或"誤，後"或"讀爲"有"，"乎"當借爲"所"。

③ 見素抱朴，郭店簡本作"視索（素）保仆（朴）"，義同。○朴，同"樸"，原形、不加工。

④ 少私寡欲，帛書本"私"後有"而"字，義同。

⑤ 絶學無憂，按：此四字原在二十章首（帛書本、郭店簡本同），今從馬叙倫、高亨等人之説移此。○無憂，疑讀"忘憂"。

⑥ 唯之與阿相去幾何，帛書本、郭店簡本無"之"字，古本。下句同。帛書本"相去"前有"其"字，義同。下句同。○唯，恭敬地應諾。阿，不情願地答應。

⑦ 美之與惡相去何若，"美"原作"善"，改從傅本、帛書本、郭店簡本。

畏，亦不可以不畏人。①

荒兮其未央哉！② 衆人熙熙，如享太牢，如春登臺；③我獨泊兮，其未兆。④ 如嬰兒之未孩。⑤ 乘乘兮若無所歸！⑥ 衆人皆有餘，而我獨若遺。⑦ 我愚人之心也哉，沌沌兮。⑧ 俗人昭昭，我獨若昏。俗人察察，我獨悶悶。⑨ 忽兮若海，漂兮若無所止。⑩ 衆人皆有以，而我獨頑以鄙。⑪ 我獨異於人，而貴食母。⑫

---

① 亦不可以不畏人，原作“不可不畏”，非，改從帛書本、郭店簡本。〇民之所畏，君也。

② 荒兮其未央哉，傅本、景龍碑本無“哉”字；帛書本“荒”作“恍”，景龍碑本作“忙”，皆借字。按：此句疑是衍文。

③ 如享太牢，如春登臺，傅本二“如”皆作“若”，帛書本上作“若”下作“而”，義並同。帛書本“享”後有“於”字，衍。〇登臺，以觀覽也，形容有好心情。

④ 我獨泊兮其未兆，“泊”原誤作“怕”，據王本、帛書本改。傅本作“魄”，借字。景龍碑本作“我魄未兆”，省。

⑤ 如嬰兒之未孩，景龍碑本、帛書本“如”作“若”，無“之”字，義同；傅本、帛書本“孩”作“咳”，借字。

⑥ 乘乘兮若無所歸，“乘乘”，傅本作“儡儡”，王本作“儽儽”，帛書本作“纍呵(兮)”，皆非。景龍碑本作“乘乘無所歸”，省。諸本作“儡儡”若“儽儽”，疑是誤據“儽儽如喪家之狗”而改，不知其“儽儽”同“羸羸”。

⑦ 而我獨若遺，傅本、景龍碑本無“而”字，帛書本作“我獨遺”，皆省。〇有餘，形容多。遺，遺失，形容少。

⑧ 我愚人之心也哉，帛書本無“哉”字，景龍碑本無“也哉”，省。沌沌兮，景龍碑本作“純純”，帛書本“沌”作“惷”，皆借字。按：馬叙倫《老子校詁》曰：“此(沌沌兮)三字當在‘若嬰兒之未孩’上，所以形容嬰兒渾沌未分，與‘儽儽兮’對文。”其説是。

⑨ 俗人察察我獨悶悶，傅本、帛書本“悶悶”作“閔閔”，借字。

⑩ 忽兮若海，“忽”字傅本、景龍碑本作“淡”，王本作“澹”，疑誤。帛書本“若”前有“其”字，古本；景龍碑本作“淡若海”，非。漂兮若無所止，帛書本“漂”作“望”，疑誤。景龍碑本作“漂若無所止”，省。

⑪ 我獨頑以鄙，“以”字原誤作“似”，據帛書本改；傅本作“我獨頑且圖”，“圖”字誤。〇有以，謂有以爲。

⑫ 我獨異於人，傅本作“吾獨欲異於人”，帛書本作“吾欲獨異於人”，有“欲”字是。〇食母，衣食父母，指民。

【訓譯】

敬諾與慢應，相差多少？漂亮與醜陋，相差多大？（所以，）人民所怕的，也不能不怕人民。

遼闊啊，它尚未到達盡頭！衆人都歡歡喜喜，好像享用豐盛美餐，好像春天登高觀覽，而我獨自淡泊寧靜啊，没有一點高興的迹象。渾渾沌沌，如同嬰兒還不會笑；悠悠蕩蕩，好像無家可歸。衆人都有富餘，而我獨自不足。我大概是愚人的心腸吧！俗人都很明白，我獨自如同昏昧；俗人都能明察，我獨自煩悶不已。（國土）遼闊啊，就像大海；四處不停地漂泊啊，好像没有地方停止。衆人都有所作爲，我獨自頑劣淺陋。我雖獨自想異於衆人，但卻看重衣食父母。

二十一章

這一章言"道"雖恍惚，但卻真實存在，其本質爲誠信，人君之德行當唯道是從。河上公本題"虚心"，以從道也。

孔德之容，唯道是從。① 道之爲物，唯恍唯忽。② 忽兮恍兮，其中有像；③恍兮忽兮，其中有物。④ 窈兮冥兮，其中有精。⑤ 其精甚真，其中有信。自古及今，其名不去，以閲衆

---

① 〇大德行，指君主的行爲。容，借爲"搈"，摇動、擺動。道，自然規律。

② 唯恍唯忽，"恍"字原作"怳"，改從王本，用正字，後同；傅本作"芒"，借字。"忽"字王本作"惚"，傅本作"芴"，借字。下同。

③ 忽兮恍兮其中有像，景龍碑本作"忽恍中有象"，省。帛書本後句作"中有象呵（兮）"，下"其中有物"作"中有物呵（兮）"，義皆同。

④ 恍兮忽兮其中有物，景龍碑本作"恍忽中有物"，省。帛書本後句作"中有物呵（兮）"，義同。

⑤ 窈兮冥兮其中有精，傅本"窈"作"幽"，義同；景龍碑本作"窈冥中有精"，省。

甫。[1] 吾何以知衆甫之然哉?[2] 以此。

【訓譯】

(君主)大德行的擺動,只隨從"道"。"道"作爲一個東西,它恍恍惚惚,似有似無。(雖然)惚啊恍啊,其中卻有形象;(雖然)恍啊惚啊,其中卻有實物;(雖然)幽深昏暗,其中卻有精氣。(而且)精氣非常真實,其中藏有誠信;從古到今,它存而不廢。(通過它,)可以察看萬物的開始。我爲什麽知道萬物的開始是那樣呢?(就是)因爲這個。

二十二章

這一章講曲則全、少則得的道理,教人委曲求全、少學守"道",即河上公本所謂"益謙"。

曲則全,枉則直;[3]窪則盈,敝則新;[4]少則得,多則惑。是以聖人抱一爲天下式。[5] 不自見,故明;[6]不自視,故彰;[7]

---

① 自古及今,帛書本作"自今及古",非。以閱衆甫,帛書本作"以順衆父","順"字疑誤。名,疑是"存"字之誤。四章:"湛兮似若存。"

② 吾何以知衆甫之然哉,景龍碑本無"哉"字,帛書本"哉"作"也",王本"然"作"狀",義皆同。〇然,如此。

③ 枉則直,傅本、帛書本"直"作"正",非。

④ 敝則新,"敝"原作"弊",改從諸本。

⑤ 是以聖人抱一爲天下式,傅本無"是以"。帛書本"抱"作"執",義同;"式"作"牧",疑誤。〇一,指"道"。

⑥ 不自見故明,帛書本"見"作"視",蓋與下句互誤,其前文亦云"自見者不明"。〇見,讀現,表現。

⑦ 不自視故彰,"視"字原作"是",按彰爲視角效果,作"是"不協,帛書本原作"見",與上句互誤,其前文亦云"自視不彰",故從改。〇自視,自我觀看,自我欣賞。

不自伐，故有功；不自矜，故長。① 古之所謂“曲則全”者，豈虚言哉？② 誠全而歸之。③

【訓譯】

委曲就能保全，彎曲就能伸直。低窪就能充盈，破了就能有新。少學就有心得，多學就會迷惑。因此，聰明的君主只抱一個“道”，作爲全天下的法式。不自我顯現，所以明亮；不自我欣賞，所以彰著；不誇功，所以有功；不炫耀，所以長久。古代所謂的“曲則全”，難道是虚言嗎？（它）實在能使人全身而歸。

二十三章

這一章從“希言自然”的道理出發，教人順從自然，按“道”、“德”行事。河上公本題“虚無”，從虚言説。此章之“道”、“德”，與三十八章之“道”、“德”同，後人誤以“德”爲“得”，故增“失”字句，以致産生混亂。

希言自然。④ 飄風不終朝，驟雨不終日。⑤ 孰爲此者？⑥

---

① 不自矜故長，帛書本作“弗矜故能長”。按：此句下原有“夫惟不爭，故天下莫能與之爭”（帛書本無“天下”），今移歸第八章末，參彼。

② 古之所謂曲則全者豈虚言哉，帛書乙本作“古之所謂曲全者，幾（豈）語哉”，脱“虚”字。景龍碑本無“者”、“哉”，“言”作“語”，義同。

③ 誠全而歸之，景龍碑本前有“故”字，“誠”作“成”，非；帛書本無“而”字，省。

④ 希言自然，傅本“希”作“稀”，古今字。〇自然，謂合於自然。

⑤ 飄風不終朝，傅本、王本前有“故”字，非；傅本“終”作“崇”，借字。下同。驟雨不終日，帛書本“驟雨”作“暴雨”。

⑥ 孰爲此者，景龍碑本、帛書本無“者”字，省。

天地。天地尚不能久，而況於人乎？① 故從事於道者同於道，德者同於德，失者同於失。② 同於道者，道亦樂得之；③同於德者，德亦樂得之；④同於失者，失亦樂失之。⑤

【訓譯】

少言合乎自然。狂風刮不了一早晨，暴雨下不了一整天。是誰這樣做的？是天地。天地尚且不能持久，何況是人？所以按"道"行事的人合乎"道"，按"德"行事的人合乎"德"。行爲合乎"道"的人，"道"也樂於得到他；行爲符合"德"的人，"德"也樂於得到他。

二十四章

這一章講超自然則無益的道理，教人順其自然。河上公本題"苦恩"，不可解，當如《道藏》本《道德真經》作"若思"，言有若思慮也。

按：此章帛書本在"孔德之容"章後。

---

① 而況於人乎，景龍碑本無"乎"字，亦省。此類後不復出。

② 故從事於道者同於道，"道者"二字原重，從帛書本及俞樾説删。德者同於德，傅本"德"作"得"，借字；前有"從事於得（德）者"，傳者以意增，又衍"得者"二字。失者同於失，傅本前有"從事於失者"，傳者以意增，又衍"失者"二字。按：此句當是後人誤解前"德"而增出。景龍碑本此下三句作"故從事於道者道得之，同於德者德德之，同於失者道失之"，有省改。○從事於道，謂按"道"行事。

③ 同於道者道亦樂得之，王本同，傅本無"同"字、"樂"字；帛書本無"樂"字。○同於道，謂行爲符合於"道"。

④ 同於德者，傅本"德"作"得"，非。○德，謂德性，即自然本能。前同於德，謂行爲符合於"德"，即行事符合其本能。

⑤ 同於失者失亦樂失之，按：此句亦當是後人所增。

按：此章末原有"信不足焉，有不信焉"（景龍碑本無二"焉"字；傅本無後"焉"字，讀"信不足，焉有不信"）二句，涉十七章衍，今從帛書本删。

企者不立，跨者不行。① 自見者不明，自視者不彰；②自伐者無功，自矜者不長。其於道也，曰餘食、贅行，③物或惡之，故有道者不處也。④

【訓譯】

踮起脚跟站不穩，跨開大步走不快。自我顯現不明亮，自我欣賞不彰著；自誇其功没有功，自我炫耀不長久。這些對於“道”來説，叫剩飯、贅肉，都是多餘的，而且惹人討厭，所以有道的人不那樣做。

二十五章

這一章前半講“道”的特性與命名，後半講人、地、天、道之間的關係。河上公本題“象元”，大象之元也。按：此章疑當在“道可道”章後。

有物混成，先天地生。寂兮寥兮，獨立而不改，⑤周行而

① 企者不立，“企”原作“跂”，借字，改從王本、傅本、景龍碑本。帛書本作“炊”，亦借字。“立”字景龍碑本作“久”，恐是誤改。跨者不行，帛書本無此句，當脱。○不立，謂立不穩。不行，謂行不快。

② 自視者不彰，“視”原作“是”，改從帛書本，參二十二章校。景龍碑本無“者”字，省。後諸句同。

③ 其於道也，諸本“於”作“在”，同；景龍碑本、帛書本更無“也”字。○道，指正確的方法。行，借爲“形”。贅行，肉瘤。

④ 物或惡之，景龍碑本“或”後有“有”字，不必。故有道者不處也，帛書本作“故有欲者弗居”，“欲”字誤。○物，謂人。道，指正確的思想主張，與儒家所言同。

⑤ 寂兮寥兮，“寂”字帛書本作“繡”，借字；郭店簡本作“敓（奪）”，疑誤。“寥”字傅本作“寞”，誤改；帛書本作“繆”，郭店簡本作“穆”，皆借字。景龍碑本作“寂漠”，“漠”同“寞”。

不殆，可以爲天地母。① 吾不知其名，故強字之曰道，②強爲之名曰大(道)。③ 大(道)曰逝，逝曰遠，遠曰反。④ 道大，天大，地大，王亦大。⑤ 域中有四大，而王居其一焉。⑥ 人法地，地法天，天法道，道法自然。⑦

【訓譯】

有一個東西混合而成，先於天地而産生。它寂默不語啊，寥廓而無垠！它獨立存在而不改變啊，循環運動而不懈怠，可以做天地之母。我不知道它(原有的)的名字，所以勉強給它取字叫“道”，取名也叫“道”。是道就會離去，離去就遠，遠了又會返回，(因爲它循環。)“道”大，天大，地大，王也大。空間有四大，而王只占其中之一。人取法地，地取法天，天取法“道”，“道”取法自然。

---

① 周行而不殆，帛書本、郭店簡本無此句，古本。可以爲天地母，“天地”原作“天下”，誤，今從帛書本改。○殆，借爲“怠”，懈怠。

② 吾不知其名，帛書本作“吾未知其名也”，郭店簡本亦作“未”。故強字之曰道，“故強”二字原無，從傅本增。

③ 強爲之名曰大，景龍碑本、帛書本前有“吾”字，當衍。按:“大”疑當作“道”，以音誤。景龍碑本“大”字漫漶，疑有故。下“大曰逝”，“大”亦當作“道”。景龍碑本“大曰”二字亦缺泐不明。馬叙倫《老子校詁》亦曰:“大，當承上作‘道’。”其説是。○既強字之曰道，又強爲之名曰道，皆曰“道”，説明“道”本不可以名，正照應首章“名可名，非常名”。

④ 遠曰反，傅本“反”作“返”，同。○凡道，皆有所延伸，所以説“道曰逝”。

⑤ 道大，前原有“故”字，從傅本、帛書本删。王亦大，傅本“王”作“人”，校者所改。

⑥ 域中有四大，帛書本、郭店簡本“域”作“國”，讀爲“域”。而王居其一焉，傅本“居”作“處”，“王”亦作“人”。○域，指人所見知的區域空間，包括天地、自然界、人間。

⑦ ○人生活在地上，無地則無人，所以説人法地。天因“道”即自然規律而産生，無“道”則無天，所以説天法“道”。地覆於天，無天則無地，所以説地法天。自然，指自己如此，非外力所爲者，即“大自然”之“自然”。“道”爲大自然運動的規律，所以説“道”法自然。

二十六章

這一章戒輕戒躁。君子一整天走路而不脱離他的行李，不嫌負重，是因爲他懂得重爲輕根的道理；即使有華麗的賓館，安住在裏面而超然於外，是因爲他明白静爲躁君的道理。大國之君以個人之身而看輕天下，是因爲他既輕且躁。河上公本題“重德”，言“重”之德也。

重爲輕根，静爲躁君。① 是以君子終日行，不離其輜重；②雖有榮觀（館），燕處超然。③ 奈何萬乘之主，而以身輕天下？④ 輕則失本，躁則失君。⑤

【訓譯】

重是輕的根，静是躁的君。所以，君子一整天走路，不脱離他的行李；即使有華麗的賓館，他安住在裏面，而超然於賓館之外。爲什麽大國的君主，卻以個人之身而看輕天下？（因爲他輕且躁。）輕就會失掉根，躁就會失掉君。

---

① 静爲躁君，傅本“静”作“靖”，同。

② 是以君子終日行，“君子”原作“聖人”，改從景龍碑本、傅本、帛書本。不離其輜重，“其”字原無，從傅本、帛書本增。○終日行不離其輜重，見其貴“重”不輕。

③ 雖有榮觀燕處超然，傅本“燕”作“宴”，同；帛書本作“雖有環官（館），燕處則昭若”。按：作“官”是，“觀”、“昭”皆借字。○官，同“館”，館舍。超然，形容超於榮館之外，不以之爲己有。雖有榮館，燕處超然，見其守“静”不躁。

④ 奈何萬乘之主，王本同，傅本“奈何”作“如之何”，帛書本作“若何”，景龍碑本作“如何”，義皆同。主，帛書本作“王”，非，先秦書無言“萬乘之王”者。而以身輕天下，帛書本“輕”後有“於”字，非。○以身輕天下，謂欲以天下爲己物，非超然也。

⑤ 輕則失本躁則失君，“本”原作“臣”，當是據後文“君”字誤改，今從傅本、王本、帛書本。○本，即根，《永樂大典》本作“根”。重爲輕根，故輕則失本，失其重也。

二十七章

這一章教國君"襲明",充分利用人才與資源。河上公本題"巧用","巧"即章内之"善"。

善行者無轍迹,善言者無瑕謫,善計者不用籌策。① 善閉者無關楗而不可開,善結者無繩約而不可解。② 是以聖人常善救人,故無棄人;③常善救物,故無棄物。④ 是謂襲明。⑤ 故善人,善人之師;⑥不善人,善人之資。⑦ 不貴其師,不愛其資,雖智大迷。⑧ 是謂要妙。⑨

【訓譯】

善於行走的不留痕迹,善於講話的不出紕漏,善於計算的不用器具,善於關閉的没有鎖子卻打不開,善於打結的没有繩子卻解不開:(人才有各式各樣。)因此,聰明君主經常善於挽救人才,所以没有被

① 善行者無轍迹善言者無瑕謫,二"者"字原無,省,從傅本、帛書本增。下諸"者"同。善計者不用籌策,諸本"計"作"數",義同。

② 善閉者無關楗而不可開,帛書本作"善閉者無關鑰而不可啓也",義同。善結者無繩約而不可解,帛書本作"善結者無纆約而不可解也",義同。

③ 是以聖人常善救人,帛書本"常"作"恒",義同。故無棄人,傅本"無"前有"人"字,衍;帛書本"故"作"而"。○聖人,指聰明的國君。

④ 常善救物,故無棄物,傅本"無"前有"物"字,衍;帛書本作"物無棄財",當是省改。

⑤ 是謂襲明,帛書本"襲"作"泄",借字。

⑥ 故善人善人之師,"故善人"後原衍"者"字,"善人之師"前原衍"不"字,今從帛書本删。

⑦ 不善人,原衍"者"字,從帛書本删。善人之資,帛書本末有"也"字。

⑧ 雖智大迷,景龍碑本、傅本、帛書本"智"作"知",同;帛書本"智"後有"乎"字,衍。

⑨ 是謂要妙,帛書本"要妙"倒,非。○要妙,關鍵之妙。

抛棄的人才;經常善於挽救材料,所以没有被丢棄的材料。這叫做“襲明”。所以,喜歡某人,就要喜歡他的老師;不喜歡某人,也要喜歡他所資取。如果不看重他的老師,不愛惜他所資取,即使聰明,也會糊塗。這叫“要妙”。

二十八章

這一章教國君爲人、做事和待人的方法,要求國君做人要保持低調,做事要降低標準,待人要寬宏大量,以爲國家招攬賢才。河上公本題“反朴”,從“復歸於朴”出。

知其雄,守其雌,爲天下溪。① 爲天下溪,常德(得)不離,復歸於嬰兒。② 知其白,守其黑,爲天下式。③ 爲天下式,常德(得)不忒,復歸於無極。④ 知其榮,守其辱,爲天下谷。⑤ 爲天下谷,常德(得)乃足,復歸於朴。⑥ 朴散則爲器。聖人用之,則爲官長。⑦ 故大制不割。⑧

---

① ○雌、雄,指事物内在的相反性質,事物的正反兩個方面。

② 常德不離,帛書本“常”作“恒”,本字;又此句重,以例當是。按:“德”當作“得”。下同。復歸於嬰兒,帛書本無“於”字,省。○復歸於嬰兒,喻有人哺育。

③ 知其白守其黑爲天下式,帛書本此句與後“知其榮,守其辱,爲天下谷”倒,“榮”誤“白”。○白、黑,指事物外在的相反表像。

④ 此句帛書本與後“爲天下谷,常德乃足,復歸於朴”倒。景龍碑本不重“爲天下式”,蓋脱。○無極,喻長久存在。

⑤ ○榮、辱,指個人内心的相反感受。

⑥ ○朴,同“樸”,未加工的木材,喻純樸。

⑦ 聖人用之則爲官長,景龍碑本作“聖人用爲官長”,省。○聖人,指國君。之,指“器”。

⑧ 故大制不割,景龍碑本、傅本、帛書本“不”作“無”,義同。

【訓譯】

(國君爲人,)要知道自己的雄強,守持自己的柔雌,做天下的山間溪流。做天下的山間溪流,永恒的得就不離失。永恒的得不離失,就會回歸到嬰兒那樣,(有人哺育)。(國君做事,)要明白它的白,守持它的黑,做天下的法式。做天下的法式,永恒的得就不出差錯,就會回歸到長久無極。(國君對人,)要知曉他的榮耀,守持他的恥辱,做天下的山谷。做天下的山谷,永恒的得就會充足,(所得到的人才)就會回歸到原木一樣純樸。原木析散,就能成爲器物;聰明的君主使用他們,就是官員。所以,大製作不分割材料。

二十九章

這一章前半講天下不可能絕對治理,不可以持爲己有;後半講世間没有絶對的合理,一切皆當適可而止,是對"將欲取天下而爲之者"的警告,宜作兩章。河上公本題"無爲",蓋從章内"不可爲也"、"爲者敗之"及"去甚,去奢,去泰"出。

將欲取天下而爲之者,吾見其不得已。① 夫天下,神器也。② 不可爲也,不可執也。③ 爲之者敗之,執之者失之。④

---

① 將欲取天下而爲之者,"者"字原無,從傅本增。

② 夫天下神器也,"夫"字、"也"字原無,從傅本、帛書本增。

③ 不可執也,此句原脱,據文例及劉師培説增。

④ 爲之者敗之執之者失之,"爲之"、"執之"二"之"字原無,據郭店簡本增。帛書乙本亦作"爲之"。

故物或行或隨，或呴或吹，①或強或羸，或載或隳。② 是以聖人去甚，去奢，去泰。③

【訓譯】

想要獲取全天下而治理它的人，我看他做不到。那天下，是神聖的東西，不可以治理，也不可以持有，治理它必定敗壞它，持有它必定失掉它。

世間的人（總是）有的在前面走，有的在後面隨；有的出氣緩，有的出氣急；有的強壯，有的瘦弱；有的往上面裝，有的往下面卸：（可見没有絶對的合理。）因此，聰明君主去除極端，去除奢侈，去除安泰，（一切都不過分）。

三十章

這一章講以道佐人主而不以兵強天下，以及果而不矜、果而不伐、果而不驕的道理，戒人"不道"。河上公本題"儉武"，儉，約束也。

以道佐人主，不以兵強於天下；④其事好還。⑤ 師之所

---

① 故物或行或隨，傅本"故"作"凡"，帛書本無。或呴或吹，傅本"呴"作"噤"，王本作"嘘"，義同；帛書乙本作"或熱或炳"，疑誤。〇呴，嘘也。《玉篇・口部》引《聲類》："出氣急曰吹，緩曰嘘。"

② 或強或羸，"羸"字傅本作"剉"，景龍碑本作"羸"，皆誤；帛書本無，當脱。或載或隳，景龍碑本"載"作"接"，以音誤；王本"隳"作"墮"，義同；傅本、帛書本作"或培或墮"，義同。

③ 去奢去泰，帛書本"泰"作"大"，在"去奢"前。〇三者皆過分，故去。

④ 以道佐人主，句末原有"者"字，從帛書本删。不以兵強於天下，"於"字原無，從郭店簡本、帛書乙本增。〇以兵強於天下，猶下文所言"物壯"。

⑤ 其事好還，諸本同；郭店簡本"還"作"長"，在"是謂果而勿強"句後，非。

處，荆棘生焉。[①] 大軍之後，必有凶年。[②] 善者果而已，不以取強。[③] 果而勿矜，果而勿伐，果而勿驕。[④] 果而不得已，是謂果而勿強。[⑤] 物壯則老，是謂不道。不道早已。[⑥]

【訓譯】

以"道"輔佐君主，不以兵逞強於天下，因爲兵事善於報應。（比如）軍隊駐扎過的地方，就會生出荆棘。所以善於取的人，只看結果，而不強取。有了結果不炫耀，有了結果不自誇，有了結果不驕横。有結果是不得已，這叫有結果而不強取。事物雄壯就會轉向老化，這叫不遵循"道"。不遵循"道"（而以兵逞強於天下），會提早消亡。

三十一章

這一章主要講"兵"爲不祥之器，不得已而用之，當冷静面對，體現了作者的戰争觀，是中國傳統軍事思想的典型代表。河上公本題"偃武"，偃，停止也。

---

① 荆棘生焉，帛書本"荆"作"楚"，同。〇言兵衆破壞生態。

② 大軍之後必有凶年，帛書本無。陳鼓應謂"景龍本、《次解》本、唐人殘卷丁本都缺這二句"，唐易州龍興觀道德經碑本亦無。嚴可均、馬叙倫、嚴靈峰等皆認爲是古注摻入正文者，其説是。

③ 善者果而已，傅本前有"故"字，傅本、帛書本末有"矣"字。不以取強，"不"後原有"敢"字，後人誤增，今從帛書本、郭店簡本删。帛書本作"毋以取強焉"。

④ 果而勿矜果而勿伐果而勿驕，帛書本"果而勿驕"在前。

⑤ 是謂果而勿強，"是謂"原無（傅本、景龍碑本有"是"），今從郭店簡本增。〇不得已，不強而自然也。

⑥ 物壯則老是謂不道不道早已，景龍碑本"壯"作"牡"，非；傅本、景龍碑本"不"作"非"。是謂，景龍碑本和帛書本作"謂之"，非。〇不道，謂不遵循"道"、違反"道"，指以兵強於天下。

夫兵者，不祥之器。① 物或惡之，故有道者不處。② 是以君子居則貴左，用兵則貴右。③ 故兵者不祥之器，非君子之器。④ 不得已而用之，恬惔爲上。⑤ 勝而勿美。⑥ 若美之，是樂殺人。⑦ 夫樂殺人，則不可得志於天下矣。⑧ 故吉事尚左，凶事尚右。⑨ 是以偏將軍居左，上將軍居右，言以喪禮處之。⑩ 殺人之衆以悲哀立(蒞)之，⑪戰勝以喪禮處之。⑫

【訓譯】

兵器，是不祥的器物。有人厭惡它，所以有道的人不用它。正因

---

① 夫兵者，“兵”前原有“佳”(傅本作“美”)字，從帛書本删；“者”字原無，從諸本增。不祥之器，帛書本末有“也”字，古本。

② 故有道者不處，帛書本作“故有欲者弗居”，“欲”字誤。○物，謂人。

③ 是以君子居則貴左，“是以”原無，從傅本增。

④ 故兵者不祥之器非君子之器，“故”字原無，從帛書本增；帛書本作“故兵者非君子之器也，兵者不祥之器也”。

⑤ 恬惔爲上，“恬惔”傅本作“恬憺”，同；帛書本、郭店簡本作“銛襲”，與章旨不合，當是借字。

⑥ 勝而勿美，“勿”原作“不”，傅本作“故不美也”，景龍碑本作“故不美”，郭店簡本作“弗美也”，今從帛書本。

⑦ 若美之，原作“而美之者”，郭店簡本作“美之”，傅本作“若美必樂之”，今從景龍碑、帛書本。是樂殺人，傅本作“樂之者長樂殺人也”。

⑧ 夫樂殺人，句末原有“者”字，景龍碑本作“夫樂殺者”，今從帛書本删。則不可得志於天下矣，傅本、景龍碑、帛書本無“則”字，景龍碑更無“矣”字，皆省。

⑨ 故吉事尚左，凶事尚右，“故”字原無，從傅本、景龍碑本增。帛書本有“是以”，同；“凶”誤作“喪”；“尚”作“上”，同。郭店簡本亦作“上”。

⑩ 是以偏將軍居左上將軍居右，“是以”二字原無，從傅本、景龍碑本、帛書本、郭店簡本增。言以喪禮處之，王本同，帛書本、郭店簡本“處”作“居”，同；傅本作“言居上勢則以喪禮處之”，“居上勢”疑誤。景龍碑本無此句，蓋脱。○居右，尚右也。

⑪ 以悲哀立之，傅本、郭店簡本前有“則”字；“立”字原作“泣”，改從帛書本。郭店簡本作“位”，皆借爲“蒞”，臨也。

⑫ 戰勝以喪禮處之，“戰勝”後傅本有“者”字，非；傅本、郭店簡本“以”前有“則”字。

爲這樣，君子平時看重左邊，用兵則看重右邊。所以説兵器是不祥之器，而非君子之器。不得已而用它，一定要恬淡；即使勝利了，也不要得意。如果得意，就是樂於殺人；樂於殺人，就不能實現取天下的心願了。所以吉事以左爲上，凶事以右爲上。所謂“偏將軍居左，上將軍居右”，是説要按照喪禮處理。殺人衆多，就要以悲哀面對；戰勝敵人，就要以喪禮處理。

三十二章

這一章前半講“朴”之重要，勸侯王守之；後半講天地爲萬物之活水源頭，宜爲兩章。河上公本題“聖德”，蓋指守朴之德。

道(朴)常無名。① 朴雖小，天下不敢臣。② 侯王若能守之，萬物將自賓。③

天地相合，以降甘露，人莫之令而自均。④ 始制有名。⑤

---

① 道常無名，帛書本“常”作“恒”。按“道常無名”與下文無關，且二十五章已云“强爲之名”，不得又曰常無名，此“道”當作“朴”，與下協。三十七章云：“吾將鎮之以無名之朴。”是朴本無名。

② 朴雖小天下不敢臣，帛書乙本、郭店簡本“不”作“弗”，“小”(郭店簡本作“微”)後有“而”字；傅本、王本“不敢臣”作“莫能臣”，義同。○朴，未經加工之材，比未出道的人才。未成才，故曰小。不敢臣，謂不敢支使。

③ 侯王若能守之，傅本“侯王”作“王侯”，後人所改。○之，指“朴”。萬物，指萬民。自賓，自爲賓客，臣服。二十八章：“朴散則爲器。聖人用之，則爲官長。”故侯王守之則萬物自賓。

④ 天地相合，郭店簡本末有“也”字。以降甘露，“降”字帛書本作“俞”，郭店簡本作“逾”，疑皆借爲“雨”。人莫之令而自均，“人”原作“民”，改從諸本；帛書本、郭店簡本末有“安(焉)”字，古本。

⑤ ○始制，指天地開始創制萬物之時。名，指萬物之名。

名亦既有，夫亦將知止。[1] 知止，所以不殆。[2] 譬道之在（與）天下（地），[3]猶小谷之與江海。[4]

【訓譯】

朴材永遠没有（器物）名稱。朴材雖小，但天下没有人敢支使他。諸侯與王者若能守護他，萬民都將自己賓服。

天地之氣相合而降甘露，没有人命令它，卻自己均匀（，這是"道"的作用）。天地開始創制萬物之時，就有了萬物的名稱。名稱既然有了，天地也就知道停止。因爲知道停止，所以就不疲倦。（天地之與萬物，）就好比"道"與天地、小河與江海，是其本源。

三十三章

這一章教人自知、自勝、知足、強行、不失其所，做死而不朽之人。河上公本題"辯德"，"辯"同"辨"，别也。

知人者智，自知者明。[5] 勝人者有力，自勝者強。知足

① 夫亦將知止，"夫"原誤作"天"（景龍碑本同），據諸本改；"止"原作"之"，改從諸本。下"知止"同。

② ○殆，借爲"怠"，疲倦。

③ 譬道之在天下，帛書本、郭店簡本末有"也"字。按"在"，疑當作"與"；"天下"，疑當作"天地"。一章曰："'無'名天地之始。"二十五章曰："有物混成，先天地生。"○道之與天地，其母也。

④ 猶小谷之與江海，"小"原作"川"，改從帛書本、郭店簡本；傅本、帛書本末有"也"字。○小谷之與江海，其源也。

⑤ 知人者智自知者明，王本、景龍碑本同；傅本、帛書本句末均有"也"字，不妥。下諸句同。

者富，強行者有志。[①] 不失其所者久，死而不亡者壽。[②]

【訓譯】

瞭解別人才算聰明，瞭解自己才算英明。戰勝別人才算有力，戰勝自我才算剛強。知足才算富裕，堅持不懈才算有志。不失掉自己立足地才能長久，死了而名垂不朽才算長壽。

三十四章

這一章講“大道”之所以爲“大道”，聖人之所以爲聖人，在於不爲主、不自大。河上公本題“任成”，任其成也。

大道氾兮，其可左右。[③] 萬物恃之以生，而不辭。[④] 功成不名有，愛養萬物而不爲主。[⑤] 常無欲，可名於小；[⑥]萬物歸

---

① 強行者有志，景龍碑本無“者”字，省。○強行，謂堅持不懈。

② 死而不亡者，帛書本無“而”字，省；“亡”作“忘”，借字。景龍碑本亦作“亡”。

③ 大道氾兮其可左右，傅本、帛書本“氾”作“汎”，同；傅本作“汎汎”，當是；帛書本前無“大”字，末有“也”字，義同；景龍碑本無“兮”字，並下諸“而”字亦多無，蓋皆省。○大道，即二十五章“強字之曰道，強爲之名曰大（道）”之“道”，自然規律。氾，同“泛”。泛泛，形容漫流之貌。左右，謂左右流淌，沾溉萬物。

④ 萬物恃之以生而不辭，“以”原作“而”，改從傅本。帛書本無此句，當脱。

⑤ 功成不名有，帛書本作“成功遂事而弗名有也”，義同；傅本作“功成而不居”，恐是據他章改。愛養萬物而不爲主，“愛養”傅本作“衣被”，王本作“衣養”。按以上文“萬物恃之以生而不辭”，作“愛養”當是。帛書本作“萬物歸焉而弗爲主”，涉下文誤。○名，猶言。有，謂有功。

⑥ 常無欲可名於小，傅本前有“故”字，末有“矣”字；帛書本前句作“則恒無欲也”；景龍碑本無此二句及下“萬物歸焉而不爲主”，蓋因兩“萬物”相涉而脱。○不名有，故常無欲。名於小，猶名爲小。

焉而不爲主，可名於大。① 是以聖人終不爲大，故能成其大。②

【訓譯】

“大道”漫漫啊，它可以左右沾溉；萬物靠它以生，而它不拒絶；功成了，它不説有功；愛養萬物，卻不做主人。經常没有欲望，可稱爲“小”；萬物歸附它卻不當主人，可稱爲“大”。因此，聖人始終不自稱大，所以能成其大。

三十五章

這一章前半講平天下之道，後半講“道”即自然規律的特徵，宜作兩章。河上公本題“仁德”，從“往而不害”説。

執大象，天下往。③ 往而不害，安平太。④

---

① 萬物歸焉而不爲主，王本、帛書本同（“不”作“弗”）；傅本“不爲”作“不知”，非。可名於大，“於”原作“爲”，改從諸本；傅本末有“矣”字。○萬物歸焉，萬物恃之而生也。

② 是以聖人終不爲大，傅本作“是以聖人能成其大也，以其終不自大”，帛書本作“是以聖人之能成大也，以其不爲大也”；王本作“以其終不自爲大”，義同。故能成其大，帛書本無“其”字，當脱。

③ 執大象，傅本後有“者”字。○大象，指天下之大勢。舊釋“道”，恐非，執道天下未必往。

④ 安平太，“太”字傅本作“泰”，同；帛書本、郭店簡本作“大”，讀爲“太”。○安，同“焉”，於是。平太，太平安寧。

樂與餌，過客止。[①] 道之出言，[②]淡乎無其味。[③] 視之不足見，聽之不足聞，用之不可既。[④]

【訓譯】

掌握了天下大勢，天下人就會歸往。歸往以後不傷害，天下就會太平。

音樂美食誘人，可以使過路的人止步；而"道"説出來，卻淡而無味。看它看不見，聽它聽不見，而用它卻用不盡。

三十六章

這一章前半講凡事需用柔弱之術，後半講國之利器不可以示人，宜作兩章。以字面，只能如此解。或以後句與柔軟、剛強相聯繫，但與"魚不可以脱離深淵"不合，所以不必牽強。河上公本題"微明"，取自章内。

又前人於此章之前四句爭議較大，或以爲是陰謀詭計，或以爲是以反求正之智慧。觀下文，則明是對"柔弱勝剛強"的運用，而且明言"是謂微明"，"明"，明示也。可見確是一種"術"。

---

① ○過客止，利之也。

② 道之出言，"言"原作"口"，改從傅本、帛書本。景龍碑本作"道出言"，省"之"字。帛書本前有"故"字，"言"後有"也曰"二字，"曰"字不必有。○出言，謂用話説出來。

③ 淡乎無其味，傅本、帛書本"乎"作"兮"若"呵"，帛書本末有"也"字。後諸句同，皆有"也"字。景龍碑本作"淡無味"，省。

④ 用之不可既，景龍碑本無"之"字，省；王本"可"誤"足"。○不足，猶不可也。用，謂發揮其作用。四章云："道沖，而用之或不盈。"

將欲噏之，必固張之；①將欲弱之，必固強之；將欲廢之，必固興之；②將欲奪之，必固與之。③ 是謂微明，柔弱勝剛強。④

魚不可脱於淵，國之利器不可以示人。⑤

【訓譯】

將要合上它，必須故意先張開它；將要消弱它，必須故意先增強它；將要廢棄它，必須故意先興起它；將要奪走它，必須故意先給予它。這叫細微的明示，（因爲）柔弱勝剛強。

魚不可以脱離深淵，國家的利器不可以給人看。

三十七章

這一章講天下不定的原因，是侯王不知守“道”，欲望太重。“鎮之以無名之朴”，就是讓人認識事物的原始狀態。認識了事物的原始狀態，知道一切有名皆成於無名，故將無欲。河上公本題“爲政”，疑從“鎮之以無名之朴”説。

---

① 將欲噏之，“噏”字王本作“歙”，傅本作“翕”，義同；帛書本作“拾”，借字。必固張之，“固”字景龍碑本作“故”，帛書本作“古”，皆借字。後同。〇噏，借爲“歙”，合也。固，借爲“故”，故意。

② 將欲弱之，“欲”原作“使”，改從諸本。將欲廢之必固興之，帛書本作“將欲去之，必古與之”，“與”字誤。

③ 將欲奪之必固與之，帛書本“與”作“予”，義同。

④ 柔弱勝剛強，王本同，帛書本無“剛”字，傅本作“柔之勝剛，弱之勝強”，景龍碑本作“柔勝剛，弱勝強”，義皆同。〇言一切需柔弱處之，不能直接強取。

⑤ 國之利器不可以示人，傅本、帛書本“國”作“邦”，本字；景龍碑本無“以”字，省。〇國之利器以示人，猶魚脱於淵，無以藏身，必爲人所取。

道常無爲，而無不爲。① 侯王若能守之，萬物將自化。② 化而欲作，吾將鎮之以無名之朴。③ 鎮之以無名之朴，亦將不欲。④ 不欲以靜，天下將自定。⑤

【訓譯】

“道”永遠不作爲，(但自然界)卻没有一種東西不是它所爲。諸侯們若能守持它，萬物都將自己化生。萬物化生了，如果人的占有欲發作，我就用無名的朴材去鎮壓它。用無名的朴材鎮壓它，就不想占有。不想占有，就安靜，天下自然也就平定。

---

① 道常無爲而無不爲，帛書本作“道恒無名”，誤；郭店簡本作“道恒亡爲也”，亦非。

② 侯王若能守之，“之”字原無(景龍碑本同)，從諸本增；郭店簡本無“若”字，脱。萬物將自化，郭店簡本前有“而”字，同。

③ 吾將鎮之以無名之朴，郭店簡本無“吾”字，非。○無名之朴，即朴材，器物的原始狀態，未成器，故無名。三十二章：“道(朴)常無名。”鎮之以無名之朴，謂使人認識萬物的原始狀態，以抑制其欲望也。

④ 鎮之以無名之朴，“鎮之以”三字原脱，從帛書乙本補。亦將不欲，傅本、王本前有“夫”字；王本“不”作“無”，誤。帛書本作“夫將不辱”，非，下同。郭店簡本作“夫亦將知足”，義同。

⑤ 不欲以靜，傅本“靜”作“靖”，郭店簡本作“知足以靜”，義同；帛書本“欲”作“辱”，誤。天下將自定，“天下”帛書本作“天地”，郭店簡本作“萬物”，皆非；傅本、帛書本“定”作“正”，借字。

下　篇

三十八章

這一章論崇尚仁、義、禮、智不如崇尚“德”(德性、本能),教人去仁、義、禮、智而取“德”,故河上公本題“論德”。

上德不[失]德,是以有德;下德不失(衍)德,是以無德。① 上德無爲,而無以爲;②下德爲之,而有以爲。③ 上仁爲之,而無(有)以爲;④上義爲之,而有以爲。⑤ 上禮爲之,而莫之應,則攘臂而仍之。⑥ 故失道而後德,失德而後仁;失仁而後義,

---

① 上德不德是以有德,下德不失德是以無德,按此二句理不通,“不德”與“不失德”疑互誤,即“失”字應在上句。○上,同“尚”,下皆同。德,指德性、本能。舊釋得或道德,皆非。上德,指尚德之人。不失德,謂常重德,不失其本能。下德,指不尚德之人。不德,謂不用德,或脱“用”字。

② 上德無爲而無以爲,帛書本末有“也”字。下三句同。○無以爲,無所爲之事。

③ 下德爲之而有以爲,傅本“有”作“無”,非。帛書本無此句,疑是。○有以爲,有所爲之事。

④ 上仁爲之而無以爲,按:無爲方能無以爲,爲之不可能無以爲,此句“無”疑當作“有”。○上仁,謂尚仁之人。

⑤ ○上義,謂尚義之人。

⑥ ○上禮,謂尚禮之人。而,若。仍,強拽,欲使行禮也。

失義而後禮。夫禮者，忠信之薄，而亂之首。① 前識者，道之華，而愚之始。② 是以大丈夫處其厚不處其薄，處其實不處其華。③ 故去彼取此。④

【訓譯】

崇尚德性的人不失德性，所以有德性。不崇尚德性的人不用德性，所以無德性。崇尚德性的人不作爲，所以無事可做；不崇尚德性的人作爲，所以有事可做。崇尚仁的人行仁，所以有事可做；崇尚義的人行義，所以也有事可做。崇尚禮的人行禮，若没有人回應，就挽起袖子強拉。所以説失去了道才崇尚德性，失去了德性才崇尚仁，失去了仁才崇尚義，失去了義才崇尚禮。崇尚禮，是忠信薄弱的根，是禍亂産生的頭。先知，是"道"的虚華和愚昧的開端。因此大丈夫處其厚（無禮）而不處其薄（有禮），居其實（後知）而不居其華（先知）。所以（我主張）去彼（仁、義、禮、先知）而取此（德性與後知）。

三十九章

這一章講"一"（即事物的基礎或根本）的重要性，説明貴必以賤爲本，高必以下爲基，教人勿欲琭琭如玉，而應硌硌如石，保持低調。河上公本題"法本"，法，效法；本，"一"也。

---

① 忠信之薄而亂之首，傅本、帛書本末有"也"字，帛書本"泊（薄）"後亦有"也"字。

② 前識者道之華而愚之始，傅本、帛書本末有"也"字。帛書本"華"後亦有"也"字。○華，即花，與實相對，謂虚。

③ 是以大丈夫處其厚不處其薄，帛書本"處"作"居"，前有"而"字，義同。王本後"處"亦作"居"。下句同。處其實不處其華，景龍碑本"處"作"居"。○厚，指無禮；薄，指禮。實，指後知。華，指前知。

④ 故去彼取此，帛書本"取"前有"而"字，古本。○彼，指薄與華。此，指厚與實。

昔之得一者：[①]天得一以清，地得一以寧，神得一以靈，谷得一以盈，萬物得一以生，[②]侯王得一以爲天下正，其至也。[③] 天無以清將恐裂，地無以寧將恐發，神無以靈將恐歇，谷無以盈將恐竭，萬物無以生將恐滅，侯王無以貴高將恐蹶。[④] 故貴必以賤爲本，高必以下爲基。[⑤] 是以侯王自謂孤、寡、不穀，此非以賤爲本耶？[⑥] 非乎？[⑦] 故致數譽無譽。[⑧] 是故不欲琭琭如玉，落落如石。[⑨]

---

① ○一，數之始，即十分之一、百分之一之"一"，指構成事物的基本單位和基礎。無一則無十，故下云。舊釋"道"，謬。

② 萬物得一以生，帛書本無此句，是，萬物非得一而生。○一，謂其一，指盈谷之水的最初一滴。

③ 侯王得一以爲天下正，"爲"字原在"天下"後，改從諸本。帛書本無"天下"，作"侯[王得一]而爲正"，省；"正"字帛書本同，傅本、王本作"貞"，借字。其至也，原作"其致之"（傅本後有"一也"二字），誤，改從帛書本。○此總上之辭。其，指一。至，極也，指"十"，圓滿。

④ 天無以清將恐裂，帛書本前有"謂"字，疑非；"無以"作"毋已"，同。後同。谷無以盈將恐竭，帛書本無"恐"字，蓋脱。萬物無以生將恐滅，帛書本無此句，當是。侯王無以貴高將恐蹶，王本同，帛書乙本"貴"後有"以"字，衍；傅本"無以"後有"爲貞而"三字，非。

⑤ 故貴必以賤爲本，"必"字原無，從帛書本增。帛書本原作"故必貴而以賤爲本"，義同。高必以下爲基，傅本、王本無"必"字，非；帛書本作"必高矣而以下爲基"，誤。

⑥ 是以侯王自稱孤寡不穀，諸本"自稱"作"自謂"，義同；"穀"字原作"轂"，改從諸本。此非以賤爲本耶，王本同，唯"耶"作"邪"；傅本作"是其以賤爲本也"，義同；帛書本作"此其賤之本輿"，誤。

⑦ 非乎，王本同，傅本作"非歟"，義同；帛書本作"非也"，"也"讀爲"耶"；景龍碑本無"乎"字，省。

⑧ 故致數譽無譽，帛書本"致"作"至"，借字；二"譽"字原皆作"車"（景龍碑本同），借字，改從傅本；王本、帛書本均作"輿"，亦借字，或以音誤。

⑨ 是故不欲琭琭如玉，"是故"二字原無，從帛書本增；"琭琭"字王本同，傅本作"碌碌"，帛書本作"禄禄"，皆借字。落落如石，傅本同；王本"落落"作"珞珞"，借字；帛書本作"硌硌"，本字。○琭琭，晶瑩温潤貌。硌硌，粗糙無華貌。

【訓譯】

從前那些得一的：天得一而清澈，地得一而寧靜，神得一而靈驗，河谷得一而充盈，侯王得一而爲天下的首長，這是它的極致。天不能清，恐怕會開裂；地不能寧，恐怕會迸發；神不能靈，恐怕會消失；河谷不能充盈，恐怕會涸竭；侯王不能高貴，恐怕會垮臺。所以貴一定是以賤爲根本，高一定是以低爲基礎。侯王自稱"孤"、"寡"、"不穀"，這不是以賤爲本嗎？不是嗎？追求經常被人贊譽，就沒有贊譽。所以，不要想晶瑩得像玉，而要想粗糙得像石。

四十章

道一章講"道"的運動特徵和發揮作用的特徵。因爲往返迴旋，所以天下之物既生於有，又生於無；因爲其發揮作用柔弱，所以物之生需要過程。河上公本題"去用"，不可解，"去"疑當作"取"，取用，守弱也。

反者，道之動；①弱者，道之用。② 天下萬物生於有，③有生於無。④

【訓譯】

往返循環，是"道"的運動特徵；柔弱，是"道"發揮作用的特徵。所以天下之物雖皆生於"有"，而"有"又生於"無"。

---

① 反者道之動，郭店簡本"反"作"返"，同；無"之"字，脱。帛書本、郭店簡本"反"後、"動"後均有"也"字，義較顯。○動，運動，這裏指運動的特徵。

② 弱者道之用，帛書本、郭店簡本"弱"後、"用"後均有"也"字，義較顯。○用，作用，這裏指發揮作用的特徵。

③ 天下萬物生於有，諸本"萬物"作"之物"，疑是。○有，謂有形。

④ 有生於無，郭店簡本無"有"字，當脱。○無，謂無形。

四十一章

這一章通過不同士對“道”的不同態度，説明“明道若昧”的道理，告訴人越是正大的東西越不容易認識。河上公本題“同異”，辨同異也。

上士聞道，勤而行之；①中士聞道，若存若亡；②下士聞道，大笑之。③ 不笑，不足以爲道。④ 故建言有之曰：⑤明道若昧，進道若退，夷道若類。⑥ 上德若谷，大白若辱，⑦廣德若不足，建德若揄，⑧質真若渝。⑨ 大方無隅，大器免成，⑩大音希聲，大象無形。道隱無名。⑪ 夫唯道，善貸且成。⑫

---

① 勤而行之，傅本“勤而”倒，非；帛書本“而”作“能”，郭店簡本作“勤能行於其中”。按作“能”爲借字，作“行於其中”則非。○士，任事之人。道，指正確的行事方法或思想主張、真理。勤而行之，堅信之也。

② ○若有若無，不予理會，不相信也。

③ 大笑之，傅本前有“而”字，後人所增。○大笑之，以爲謬也。

④ 不笑不足以爲道，郭店簡本作“弗笑不足以爲道矣”，義同。

⑤ 故建言有之曰，“曰”字原無，從傅本、帛書本增。○建言，謂新設之言。

⑥ 明道若昧，帛書本、郭店簡本“昧”作“費”，借字。進道若退夷道若類，傅本、帛書本二句倒。王本“類”作“纇”，本字；郭店簡本作“繢”，以音誤。帛書本、郭店簡本“若”作“如”，義同。後同。○類，借爲“纇”，不平、崎嶇。

⑦ ○辱，借爲“黷”，垢黑也(《玉篇》)。

⑧ 建德若揄，“揄”字傅本作“媮”，王本作“偷”，皆借字(帛書本、郭店簡本闕)。○建德，豎立之德。揄，摇也。

⑨ 質真若渝，“真”原誤“直”，從傅本、王本改(郭店簡本闕)；“渝”字傅本作“輸”，郭店簡本作“愉”，皆以音誤。

⑩ “免”字原作“晚”，借字，今從帛書乙本。郭店簡本“免”作“曼”、“希”作“祇”，亦皆借字。

⑪ 道隱無名，帛書本“隱”作“褒”，疑誤。

⑫ 善貸且成，帛書本作“善始且善成”，敦煌本亦作“始”，非，道無終始。景龍碑本“且成”作“且善”，亦非。○天下之物皆借“道”以生，故曰善貸。成，謂成物。

【訓譯】

上士聽到"道",就努力行它;中士聽到"道",不予理會;下士聽到"道",大加嘲笑。(事實上)下士不嘲笑,它也就不足以成爲"道"了。所以新設的成語説:光明的路像黑暗,前進的路像倒退,平坦的路像崎嶇,高尚的德像深谷,潔淨的白像有污,博大的德像不足,豎立的德像摇晃,忠貞像變節。大方没有角落,大器免於製造,大音缺少單聲,大象没有形狀。(所以,)"道"幽隱而無名。只有"道",善於外借而且能够成物。

四十二章

道一章先以生命産生爲例,一方面説明"一"乃萬物之本,教人重"一",故下文曰"人之所惡唯孤、寡、不穀,而王公以爲稱",與三十九章以賤爲本之意大同。另一方面,説明一必然生二,二必然生三,所以説"物或損之而益,或益之而損",教人凡事不可強爲,當順其自然。"人之所教,我亦教之",即是順其自然,不強爲。"強梁者不得其死",是反對強爲的戒律。"吾將以爲教父",以教人也。河上公本題"道化","道"之生化也。

道生一,一生二,二生三,三生萬物。① 萬物負陰而抱陽,沖氣以爲和。② 人之所惡唯孤、寡、不穀,而王公以爲稱。③ 故

---

① ○道,自然規律。一,指生命的原始狀態,所謂混沌。二,指陰、陽。三,指陰陽結合所産生的"沖氣"。有了"沖氣"就會産生新生命,故曰三生萬物。

② 沖氣以爲和,帛書本"沖"作"中",義同。○沖氣,在中間激蕩並結合陰陽之氣。

③ 不穀,"穀"原誤作"轂",改從諸本。而王公以爲稱,傅本作"而王侯以自稱也",帛書本作"而王公以自名也",義同。○不穀,不善。

物或損之而益，或益之而損。① 人之所教，我亦教之。② 強梁者不得其死，吾將以爲教父。③

【訓譯】

“道”（自然規律）産生“一”（混沌），“一”産生“二”（陰陽），“二”産生“三”（沖氣），“三”（沖氣）産生萬物。萬物本身都是背陰抱陽，用沖氣作爲調和。人所厭惡的最數“孤”、“寡”、“不穀”，（相當於“一”，）而王公卻用它們來自稱，（因爲他們知道“一”是根本）。有的事物減損它反而會增加，有的事物增益它反而會減少。（所以應當順其自然。）（所以）別人用來教我的，我也用來教人，（不勉強）。強暴而不循自然的人不得善終，我將用它做爲基本教義。

四十三章

這一章通過天下之至柔馳騁於天下之至堅、無有入於無間的事實，説明無爲有益的道理，教國君行不言之教，獲無爲之益。河上公本題“徧用”，堅、柔兼用也。

① 故物或損之而益或益之而損，帛書本無“故”字與後“或”字，疑是；“損之”、“益之”句倒，義同。

② 人之所教我亦教之，傅本作“人之所以教我，亦我之所以教人”，義同；帛書本前有“故”字，是；後句作“亦議而教人”，義同。

③ 吾將以爲教父，傅本、帛書本“教”作“學”，借字。○強梁，強橫凶暴。教父，教戒的開始。

天下之至柔，[1]馳騁於天下之至堅，[2]無有入於無間。[3] 吾是以知無爲之有益也。[4] 不言之教，無爲之益，天下希及之。[5]

【訓譯】

天下最柔弱的東西，（能）馳騁於天下最堅硬的東西之中；（説明）無形的東西，無所不入。我所以才知道，無爲是有益的。（但是）推行不言的教化，實現無爲而獲益，天下卻很少有人做到。

四十四章

這一章教人重身體，輕名、財，知足、知止，河上公本所題"立戒"是也。

名與身孰親？[6] 身與貨孰多？[7] 得與亡孰病？[8] 甚愛必大費，[9]多藏必厚亡。[10] 故知足不辱，知止不殆，可以長久。[11]

---

① ○至柔，指水。七十八章："天下柔弱，莫過於水。"

② 馳騁於天下之至堅，"於"字原無，從帛書本增。○馳騁，盡情奔跑，這裏指滲透。至堅，指巖石。

③ 無有入於無間，"於"字原無，從帛書本增。傅本前有"出於"二字，讀"出於無有，入於無間"，疑據《淮南子》誤增。○無間，無間隙之物。

④ 吾是以知無爲之有益也，"也"字原無，從傅本、帛書本增；景龍碑本無"吾"字，非。○無爲之益，無爲而獲益也。

⑤ 希及之，傅本作"稀及之矣"，帛書本作"希能及之矣"，義同。

⑥ ○名與身孰親，是説身體對人更實際。

⑦ ○身與貨孰多，是説身體只有一個。

⑧ ○得與亡孰病，是教人權衡名、貨之得失。

⑨ 甚愛必大費，傅本、景龍碑本、王本前有"是故"二字，非。○是説爲了身體，不能太吝惜。

⑩ 多藏必厚亡，郭店簡本作"厚藏必多亡"，義同。

⑪ 故知足不辱，"故"字原無，從帛書本、郭店簡本增。○知足則不貪，故不受辱。知止則不冒險，故不殆。

【訓譯】

名聲與身體哪個更親？身體與財貨哪個更重？得與失哪個更有害？太吝惜必定有大費，藏得多必定失得多。所以知足不會受辱，知止没有危險，而且可以長久。

四十五章

這一章從大物的反面狀態得出清静可以爲天下長的道理，體現事物的兩面性。河上公本題"洪德"，洪，大也。

大成若缺，其用不敝。① 大盈若沖，其用不窮。② 大直若屈，大巧若拙，大辯若訥。③ 躁勝寒，静勝熱。④ 清静爲天下正。⑤

【訓譯】

大完整好像有殘缺，使用卻不破敗。大盈滿好像空虚，使用則不窮盡。大筆直好像彎曲，大靈巧好像笨拙，大雄辯好像遲鈍。躁動戰勝寒冷，安静戰勝炎熱。（所以，）懂得清静，就可以做天下的首長。

---

① 其用不敝，"敝"字原作"弊"，改從傅本，用本字。帛書本、郭店簡本作"幣"，借字。

② 大盈若沖，傅本"盈"作"滿"，漢人避諱所改；傅本、郭店簡本"沖"作"盅"，借字；帛書本"若"作"如"，義同。後同。其用不窮，帛書本"窮"作"窘"，借字。

③ 大直若屈，傅本"屈"作"詘"，借字。郭店簡本此句在"大巧若拙"後，中衍"大成若詘"句。大辯若訥，帛書本作"大贏如炳"，疑誤。

④ 躁勝寒，景龍碑本"寒"作"塞"，誤。静勝熱，"勝"原誤作"則"，據諸本改。

⑤ 清静爲天下正，王本、郭店簡本同；傅本作"知清靖，以爲天下正"；帛書本作"請（清）静，可以爲天下正"，義並同。〇静勝熱故也。

四十六章

這一章前半講天下有道、無道的重大差異，後半教人知足，宜爲兩章。因爲不知足，所以貪得無厭而引發戰爭，是爲無道。河上公本題“儉欲”，知足也。

天下有道，卻走馬以播；①天下無道，戎馬生於郊。②

罪莫大於甚欲，③禍莫大於不知足，④咎莫憯於欲得。⑤知足之爲足，常足矣。⑥

【訓譯】

天下秩序正常，使奔馬慢走以播種；秩序不正常，母馬在戰場上生駒。

罪惡没有比貪婪更重的，禍事没有比不知足更大的，災咎没有比想獲得更慘痛的。知道滿足爲滿足，就永遠滿足了。

四十七章

這一章講“聖人”之所以不行而知，不見而明，不爲而成，原

---

① 卻走馬以播，“播”字原作“糞”，借字，今從傅本，用本字。○卻走馬以播，形容天下太平，没有戰爭。

② ○戎馬生於郊，形容用懷孕臨産的母馬做戰馬。

③ 罪莫大於甚欲，“甚”原作“可”，據郭店簡本改；王本無此句，蓋脱。

④ 禍莫大於不知足，郭店簡本此句在“咎”句後，義同。

⑤ 咎莫憯於欲得，“憯”原作“大”，從傅本、帛書本、郭店簡本改。

⑥ 知足之爲足常足矣，句首原有“故”字，從郭店簡本删；“爲”字原無，從郭店簡本增；帛書本、郭店簡本“常”作“恒”，義同；“矣”字原無，從諸本增。○足之足，即足之爲足。

因就在於無爲。河上公本題“鑑遠”，不遠行也。

不出户，可以知天下；[1]不窺牖，可以知天道。[2] 其出彌遠者，其知彌少。[3] 是以聖人不行而知，不見而名（明），無爲而成。[4]

【訓譯】

不出門，可以知天下大事；不望窗外，可以知天氣變化。那些出門越遠的，知道的越少。所以聰明君主足不出户就知，不看就明，不做就成。

四十八章

這一章講取天下當知“道”、無事。河上公本題“忘知”，知，知識。忘知則無欲，無欲則無爲也。

爲學者日益，爲道者日損。[5] 損之又損，以至於無爲。[6]

---

① 不出户，帛書本“出”後有“於”字，義同。可以知天下，“可以”原無，從傅本增。帛書本作“以知天下”，義同。

② 不窺牖，帛書本“窺”後有“於”字，義同。可以知天道，“可以”原無，從傅本增。帛書本無“可”字，義同。“知”原作“見”，從傅本、帛書本改。〇天道，指天氣變化。

③ 其出彌遠者，“者”字原無，從帛書乙本增。

④ 〇名，借爲“明”。

⑤ 爲學者日益爲道者日損，二“者”字原無，從傅本、帛書乙本、郭店簡本增；郭店簡本“學”前無“爲”字，當脱。爲道，帛書乙本作“聞道”，疑誤。

⑥ 損之又損，傅本、景龍碑本末有“之”字，非；郭店簡本“又”作“或”，義同。以至於無爲，郭店簡本作“以至亡爲也”，義同；下“無”亦作“亡”，借字。

無爲則無不爲。① 將欲取天下,常以無事;②及其有事,不足以取天下矣。③

【訓譯】

學文化的人(知識)日益增加,學"道"的人(欲望)日益減少。減少了再減少,以至於不作爲。不作爲,就等於無不作爲。所以準備取天下的人,經常處於無事狀態;如果他有事,就不足以拿到天下了。

四十九章

這一章講"聖人"治國的方法及其與百姓的關係。河上公本題"任德",不知"德"取得義。

聖人恒無心,以百姓之心爲心。④ 善者吾善之,⑤不善者吾亦善之(不善),⑥德(得)善矣。⑦ 信者吾信之,不信者吾亦

---

① 無爲則無不爲,"則"原作"而",非,改從傅本;景龍碑本無"則"字,省。○無爲則無不爲,猶"道"也。三十七章云:"道常無爲,而無不爲。"

② 將欲取天下,"將欲"二字原無,從傅本增;帛書本"取"前有二闕文,疑亦是"將欲"二字。常以無事,帛書本作"恒無事",無"以"字,省。

③ 及其有事不足以取天下矣,帛書乙本"事"後有"也"字,義同;"矣"字原無,從傅本增。帛書本"天"後闕二字,疑亦有"矣"字。

④ 恒無心,原作"無常心",今從帛書本;景龍碑本無"恒"字,省。以百姓之心爲心,"之"字原省,從帛書本增。○心,自己的主張。

⑤ 善者吾善之,帛書本無"吾"字,省。

⑥ 不善者吾亦善之,帛書乙本無"吾"字,省。按:聖人既以百姓之心爲心,則不當曰"不善者吾亦善之","善之"疑當作"不善"。

⑦ 德善矣,傅本"德"作"得",是。下文"德信"句同。帛書本"德"字闕,而下文作"得信也",則此亦當是"得"。"矣"字原無,從傅本增;帛書本作"也",義同。○德,同"得"。下同。

信之(不信),德(得)信矣。① 聖人之在天下也,怵怵焉;②爲天下,渾渾焉。③ 百姓皆注其耳目焉,④聖人皆孩之。⑤

【訓譯】

聰明君主永遠没有自己的心,而以百姓的心爲心。百姓喜歡的我喜歡,百姓不喜歡的我也不喜歡,這就能得到他們喜歡了。百姓相信的我相信,百姓不相信的我也不相信,這就能得到他們相信了。聰明君主在天下,時刻警惕着;治天下,則渾渾噩噩。百姓都專注自己的耳目於聰明君主,聰明君主則把他們都當成自己的孩子。

五十章

這一章戒人求生之厚,一切應順其自然,典型的道家思想。河上公本所謂"貴生"也。

出生入死。⑥ 生之徒十有三,死之徒十有三。⑦ 人之生,

---

① 信者吾信之,帛書本無"吾"字,下文"信者吾信之"亦無,皆省。不信者吾亦信之,"信之"疑當作"不信"。德信矣,"矣"字原無,從傅本增;帛書本作"也",義同。

② 聖人之在天下也,"之"字原無,從傅本、帛書本增;"也"字原無,從帛書本增。怵怵焉,諸本"怵怵"作"歙歙",義同;"焉"字原無,從傅本、帛書本末增。

③ 渾渾焉,原作"渾其心",帛書本作"渾心"。按:聖人既無心,則不得曰"渾心"、"渾其心",今從傅本。

④ 百姓皆注其耳目焉,"焉"字原無,從帛書本增;王本無此句,脱。

⑤ 聖人皆孩之,傅本、帛書本"孩"作"咳",借字。〇孩之,以之爲小孩。

⑥ 〇入,謂入土。

⑦ 〇十有三,十人中有三人,占十分之三。死,謂非正常死亡、夭亡。

動之死地亦十有三。① 夫何故也?② 以其求生之厚也。③ 蓋聞善攝生者,陵行不避兕虎,入軍不被甲兵。④ 兕無所投其角,虎無所措其爪,兵無所容其刃。⑤ 夫何故也?⑥ 以其無死地焉。⑦

【訓譯】

(人)一出生就活着,入土才死掉。正常活着的占十分之三,非正常死亡的占十分之三,活着而自己進入死地的也占十分之三。那是爲什麽呢? 因爲他們想讓生活物資更豐厚。聽説善於養生的人,在山裏走路不避犀牛、老虎,進入戰場不穿甲戴盔,(一切順其自然,結果卻不死。)在他們身上犀牛没地方投角,老虎没地方下爪,兵器没地方容刃。這是爲什麽呢? 因爲他們本來就没有死地。(這樣的人占十分之一。)

五十一章

這一章前半部分講"道"、"德"生養萬物,故萬物尊重"道"、"德";後半部分講"道"之"玄德",如河上公本所題。

---

① 人之生動之死地亦十有三,"亦"字原無,從王本、傅本增。傅本作"而民之生生而動,動皆之死地亦十有三",義同。帛書本作"而民生生,動皆之死地之十有三",後"之"字誤,當在"民"後,與傅本同。

② 夫何故也,"也"字原無,從帛書本增。

③ 以其求生之厚也,帛書本無"之厚"二字,當脱;"也"字原無,從傅本增。

④ 蓋聞善攝生者,帛書本"攝"作"執",疑以音誤。陵行不避兕虎,原作"陸行不遇兕虎",改從帛書本。入軍不被甲兵,"被"原作"避",涉前誤,改從諸本。○善攝生者,蓋指清心寡欲,順其自然之人,占所剩十之一。被,同"披",穿、帶。

⑤ 兕無所投其角,"所"字原脱,從諸本增。帛書本"投"作"揣",疑誤。虎無所措其爪,"其"字原脱,從諸本增。

⑥ 夫何故也,"也"字原無,從傅本、帛書本增。

⑦ 以其無死地焉,"焉"字原無,從傅本、帛書乙本增。

道生之，德畜之，物形之，勢成之。① 是以萬物莫不尊道而貴德。② 道之尊，德之貴，夫莫之命而常自然。③ 道生之，德畜之。④ 長之育之，成之孰之，養之覆之。⑤ 生而不有，爲而不恃，長而不宰，是謂玄德。⑥

【訓譯】

“道”産生它，“德”畜養它，物質形成它，環境成就它。所以萬物没有不尊重“道”而看重“德”的。萬物尊重“道”看重“德”，没有誰那樣命令它們，卻經常自然實現。“道”生物長物，育物成物，熟物護物。（可是，它）生了而不占有，作了而不依賴，做君長而不主宰，這叫“玄德”。

五十二章

這一章教人守“道”無爲、“襲常”自明，河上公本所謂“歸元”。

---

① 勢成之，帛書本作“而器成之”，“器”蓋借爲“氣”。○道，自然規律。之，指萬物。下同。德，指德性、本能，與三十八章同。

② 是以萬物莫不尊道而貴德，帛書本無“莫不”二字，疑是古本。

③ 道之尊德之貴，帛書本“尊”後、“貴”後皆有“也”字，疑是古本。夫莫之命而常自然，傅本、帛書本“命”作“爵”，義同。帛書本“常”作“恒”，“爵”後、“自然”後皆有“也”字。

④ 道生之，“道”前原有“故”字，據帛書本删。德畜之，帛書本無“德”字。按“德畜之”三字疑是涉上文衍，不當有。

⑤ 長之育之，帛書本“育”作“遂”，與下“成”重復，疑誤。成之孰之，景龍碑本同；諸本作“亭之毒之”，疑非。養之覆之，傅本“養”作“蓋”，疑是後人據後“覆之”改。養與前長、育重復，“養之”二字疑是後人所增。以上疑本作“道生之長之，育之成之，孰之覆之”。

⑥ 生而不有爲而不恃，帛書本二句末皆有“也”字，非。

天下有始，以爲天下母。① 既知其母，以知其子。② 既知其子，復守其母，没身不殆。塞其兑，閉其門，終身不勤。③ 開其兑，濟其事，終身不救。④ 見小曰明，守柔曰強。⑤ 用其光，復歸其明，無遺身殃，是謂"襲常"。⑥

【訓譯】

天下萬物有一個共同的原始，可以做萬物的母親。既知其母親，就可以知其兒子。知其兒子，又守持其母親，一輩子没有危險。塞上其洞穴，關閉其門户，一輩子都不辛勞。打開其洞穴，完成其事業，一輩子也忙不完。能見細小叫"明"，守持柔弱叫"強"。用其小光，回歸大明，不給自己遺留災殃，這叫"襲常"。

五十三章

這一章教國君行正道，重本輕末。河上公本題"益證"，蓋謂有益之證，疑指"大道甚夷，而人好徑"。

---

① 以爲天下母，傅本前有"可"字，義同。○天下，指萬物。始，原始，"道"也。

② 以知其子，"以"字原作"復"，改從諸本。景龍碑本作"又"，非。○子，萬物。

③ 塞其兑閉其門，郭店簡本二句倒。帛書乙本"兑"從"土"，下同，疑是"竇"字。下同。

④ 開其兑濟其事終身不救，帛書本、郭店簡本"開"作"啓"，古本。"濟"字帛書本作"齊"，同；郭店簡本作"賽"，疑誤。"救"字帛書本作"棘"，借字；郭店簡本作"逨"，疑誤。

⑤ 守柔曰强，"曰"字原誤作"日"，改從諸本。

⑥ 是謂襲常，"襲"字原作"習"，改從帛書乙本、郭店簡本，用本字。○見小曰明，故曰"用其光，復歸其明"。

使我介然有知，行於大道，唯施是畏。① 大道甚夷，而民好徑。② 朝甚除，田甚蕪，倉甚虚，③服文彩，帶利劍，厭飲食，財貨有餘，④是謂盜夸，非道哉！⑤

【訓譯】

如果使我有一點點知識，我就行大道，只怕走偏。大道非常平坦，而人卻喜歡小路。廟堂没有祭祀，田地嚴重荒蕪，倉庫十分空虚，卻穿戴文彩，佩帶利劍，飲食飽足，財貨有餘，這叫做強盜自誇。強盜自誇，不合正道吧！

五十四章

這一章講觀天下之現實，可以知治天下者之德行，包括是否善樹善抱。河上公本題"修觀"，其修可觀也。

善建者不拔，⑥善抱者不脱，子孫以祭祀不輟。⑦ 修之於身，其德乃真；⑧修之於家，其德有餘；修之於鄉，其德乃長；修之於國，其德乃豐；修之於天下，其德乃普。故以身觀身，

---

① 使我介然有知，帛書本無"然"字，蓋脱。○介，借爲"芥"，小也。

② 而民好徑，帛書本作"民甚好僻"，"甚"字涉前衍，"僻"爲借字，音相轉。景龍碑本"民"作"人"，義同。

③ ○朝甚除，蓋謂没有祭祀。

④ 厭飲食財貨有餘，帛書本作"厭食而資財有餘"，義同。

⑤ 是謂盜夸非道哉，傅本重"盜夸"，疑是；"道"後有"也"字（景龍碑本同），非。帛書本亦重"盜□（夸）"，"哉"作"也"，義同。

⑥ ○先人善樹，後人善保也。

⑦ 子孫以祭祀不輟，"以"字原脱，從王本、帛書本、郭店簡本補。帛書本"輟"作"絶"，義同。郭店簡本作"子孫以其祭祀不屯"，"屯"爲借字。

⑧ 修之於身，傅本、景龍碑本、帛書本無"於"字，義同。後"修之於家"、"修之於鄉"、"修之於國"、"修之於天下"同。

以家觀家，以鄉觀鄉，以國觀國，以天下觀天下。① 吾何以知天下之然哉？② 以此。③

【訓譯】

善於建樹的拔不掉，善於抱持的脱不掉，子孫們所以能祭祀不輟。（把這種善樹、善抱的精神）行於自身，德行就純真；行於家庭，德行就有餘；行於鄉里，德行就長久；行於邦國，德行就豐厚；行於天下，德行就普遍。所以，（應該）以身觀修身，以家觀治家，以鄉觀治鄉，以國觀治國，以天下觀治天下。我是怎麽知道天下是那樣的呢？就是用這種方法。

五十五章

這一章教人含"德"，保持原始平和，切勿益生、使氣致強。河上公本題"玄符"，符，符命、徵兆。玄符，蓋指"物壯則老"，不知其爲衍文也。

含德之厚者，比於赤子。④ 蜂蠆不螫，猛獸不據，玃鳥不

---

① 故以身觀身，帛書本無"故"字，郭店簡本無此句，蓋脱。以國觀國，傅本、郭店簡本"國"皆作"邦"，古本。

② 吾何以知天下之然哉，"吾"字原無，從諸本增。

③ ○此，指以天下觀天下的方法。

④ 含德之厚者，"者"字原無，從傅本、帛書本、郭店簡本增。比於赤子，傅本作"比之於赤子也"，義同。○德，指德性、功能。

搏。[①] 骨弱筋柔而握固。未知牝牡之合而朘作，精之至也。[②] 終日號而不嗄，和之至也。[③] 和曰常，知常曰明，益生曰祥，心使氣曰強。[④] 物壯則老，謂之不道，不道早已。[⑤]

【訓譯】

含"德"厚的人，可比嬰兒。蜂和蝎子螫不到他，猛獸撲不到他，鷹隼擊不着他。雖然筋骨柔弱，卻握得很牢。還不懂得男女之事，小生殖器卻能勃起，是因爲精氣旺盛。整天哭號卻不氣逆，是因爲平和至極。平和叫"常"，知"常"叫"明"，增加生活享受叫"祥"，以心使氣叫"強"。

五十六章

這一章講君主當"玄同"於民，行不言之教。河上公本題"玄德"，即玄同。

---

① 蜂蠆，原作"毒蟲"，改從王本、傅本、帛書本、郭店簡本；王本、帛書本後更有"虺蛇"，疑是後人所增。猛獸不據玃鳥不搏，帛書本作"據鳥猛獸弗搏"，"據"借爲"玃"。

② 未知牝牡之合而朘作，帛書本"合"作"會"，義同。"朘"原作"峻"，改從帛書本；郭店簡本"作"作"怒"，義同；王本"朘"作"全"，"𡨦"字之誤，俞樾説。

③ 終日號而不嗄，"嗄"字原作"啞"，改從王本、帛書本；郭店簡本作"憂"，借爲"嗄"；傅本作"嗌不㪉"，義同；景龍碑本作"㪉"，誤。

④ 和曰常，"和"前原有"知"字，從帛書本、郭店簡本刪。益生曰祥，心使氣曰強，"曰"原皆誤爲"日"，據諸本改。

⑤ 物壯則老，謂之不道，不道早已，按此三句已見三十章，此當衍。

知者不言,言者不知。[①] 塞其兑,閉其門,[②]挫其鋭,解其紛,[③]和其光,同其塵,是謂玄同。故不可得而親,亦不可得而疏;[④]不可得而利,亦不可得而害;不可得而貴,亦不可得而賤。故爲天下貴。

【訓譯】

懂的人不説,説的人不懂。(所以,國君應該)挫平自己的鋒芒,消解自己的煩擾,把自己的光輝融合於人民,把自己的塵垢聚合於人民,這叫做"玄同"。"玄同"的人,(人民)没辦法親近,也没辦法疏遠;没辦法使他獲利,也没辦法使他受傷害;没辦法使他貴,也没辦法使他賤。所以,他被全天下所看重。

五十七章

這一章主要講治國之道在無爲、無事,好静、無欲。河上公本題"淳風",淳樸之風也。

以正治國,以奇用兵,以無事取天下。[⑤] 吾何以知其然

---

① 知者不言言者不知,傅本二句末各有"也"字,郭店簡本"知"、"言"後各有"之"字,皆不必。

② 塞其兑閉其門,郭店簡本"塞"、"閉"互易。按:此二句當涉五十二章衍。

③ 挫其鋭解其紛,帛書本、郭店簡本與後二句倒。王本"紛"作"分",借字。

④ 故不可得而親,傅本無"故"字,脱;帛書本末有"也"字,非。

⑤ 以正治國,傅本"正"作"政",借字;郭店簡本"國"作"邦",本字。

哉?① 以此:夫天下多忌諱,而民彌叛;②民多利器,國家滋昏;③人多伎巧,奇物滋起;④法物滋彰,盗賊多有。⑤ 是以聖人之言曰:⑥我無爲而民自化,⑦我好静而民自正,⑧我無事而民自富,我無欲而民自朴。⑨ 我無情而民自清。⑩

【訓譯】

以正大的方法治國,以奇詭的方法用兵,以無事的方法取天下。我是怎麽知道是那様的呢?是根據下面的事實:天下禁忌越多,人越不遵守;老百姓的武器多,國家就滋生昏亂;人的技巧多,奇怪的東西就會滋生;法令越是明顯,盗賊越多。所以聰明的君主説:我不作爲,百姓自然就能教化;我喜歡安静,百姓自然就不奸邪;我不多事,百姓自然就能富裕;我不貪欲,百姓自然就會淳樸。

---

① 吾何以知其然哉,帛書本"然"後有"也"字,郭店簡本有"也"字無"哉"字,義皆同。傅本"何"作"奚",義同;"知"後有"天下"二字,涉五十四章衍。

② 夫天下多忌諱而民彌叛,"夫"字原無,從傅本、帛書本、郭店簡本增。郭店簡本無"下"字,脱。"叛"字原作"貧",改從郭店簡本。

③ 民多利器,景龍碑本"民"作"人",義同。國家滋昏,帛書本"國家"作"而邦家",郭店簡本作"而邦",古本,義同。

④ 人多伎巧,王本"伎"作"技",同;傅本作"民多知慧",帛書本、郭店簡本作"人多知",皆與上不協。奇物滋起,傅本、帛書本、郭店簡本前有"而"字,應是;傅本"奇物"作"邪事",非。

⑤ 法物滋彰,帛書本、郭店簡本同,傅本、王本"法物"作"法令",義同。盗賊多有,傅本、帛書本、郭店簡本前有"而"字,是。

⑥ 是以聖人之言曰,原作"故聖人云",改從帛書本、郭店簡本。

⑦ 我無爲而民自化,景龍碑本"民"作"人",義同;無"而"字,省。下同。

⑧ 我好静而民自正,傅本"静"作"靖",義同。

⑨ 我無欲而民自朴,帛書本、郭店簡本"無欲"作"欲不欲",義同。○朴,同"樸",淳樸。

⑩ 我無情而民自清,按諸本無此句,疑是傳者自增,應删。

五十八章

這一章講國政明晰反而不好，就好比禍與福相互轉化，所以聖人"方而不割，廉而不害，直而不肆，光而不曜"，做事有所收斂保留。河上公本題"順化"，順而化之也。

其政悶悶，其民醇醇；①其政察察，其民缺缺。禍兮，福之所倚；福兮，禍之所伏。② 孰知其極？其無正。③ 正復爲奇，善復爲訞。人之迷，其日固久。④ 是以聖人方而不割，廉而不害，⑤直而不肆，光而不曜。⑥

【訓譯】

國政不明，人民覺得味道濃厚；國政明晰，人民覺得有所欠缺。禍啊，是福所倚靠；福啊，是禍所潛藏。誰知道它的終結？它没有正常：正常又變爲奇特，善良又變爲妖孽。人的迷惘，由來已久。所以聰明君主方正而不劃人，鋭利而不傷人，直率而不放肆，有光而不耀眼。

五十九章

這一章論儉省重積爲深根固柢、長生久視之道。河上公本

---

① 其政悶悶，王本同，傅本、帛書本、郭店簡本作"悶悶"皆作"閔閔"，借字。醇醇，景龍碑本同；傅本作"偆偆"，王本作"淳淳"，帛書本作"屯屯"，皆借字。○悶悶，借爲"惛惛"，不明貌。

② 禍兮福之所倚福兮禍之所伏，景龍碑本、帛書本無"兮"字，省。

③ 其無正，傅本末有"邪"字，讀爲"也"；帛書本作"也"，是。

④ 人之迷其日固久，傅本、帛書本"迷"後有"也"，"久"後有"矣"，是。

⑤ 是以聖人方而不割，帛書本無"聖人"二字，當脱。廉而不害，傅本、王本"害"作"劌"，帛書本作"刺"，義皆同。

⑥ 直而不肆，帛書本"肆"作"紲"，借字。光而不曜，諸本"曜"作"耀"，義同。

題"守道","道"指深根固柢、長生久視之道。

治人事天,莫若嗇。① 夫唯嗇,是以早服。② 早服謂之重積德。③ 重積德則無不剋,無不剋則莫知其極。④ 莫知其極,可以有國。有國之母,可以長久。是謂深根固柢、長生久視之道。⑤

【訓譯】

治理人、事奉天,没有比儉省更好的。只有儉省,才能提早準備。提早準備,叫做"重積德"。"重積德"則無不勝,無不勝就没有人知道他的終極。没有人知道他的終極,而最終可以有國。(説明儉省是有國之母。)有了有國之母,就可以長久。這叫做深根固本、長生久視的正確方法。

六十章

這一章講治理大國在於無爲而不傷民。河上公本題"居位",無爲也。

治大國若烹小鮮。以道莅天下,其鬼不神。⑥ 非其鬼不

---

① ○事天,謂祭祀。

② 是以早服,"以"原作"謂",改從傅本、帛書本、郭店簡本。○服,借爲"備"。

③ 早服謂之重積德,帛書本"謂之"作"是謂",非。

④ ○剋,戰勝。極,終。

⑤ 是謂深根固柢,"柢"字原作"蒂",改從諸本。長生久視之道,帛書本、郭店簡本末有"也"字,是。

⑥ 以道莅天下,傅本末有"者"字,非。○道,指無爲之道。

神，其神不傷人。① 非其神不傷人，聖人亦不傷人。② 夫兩不相傷，故德交歸焉。③

【訓譯】

治理大國好比烹煮小魚，（切忌折騰。）以無爲之道君臨天下，鬼神就不靈驗。非但不靈驗，而且還不傷人。非但鬼神不傷人，聰明君主也不傷人。兩者都不傷人，所以其恩德一并歸民。

六十一章

這一章論大國的性質及其處理與小國關係的方法。河上公本題"謙德"，謙下之德也。

大國者，下流也。④ 天下之交也，天下之牝也。⑤ 牝常以靜勝牡。⑥ 以其靜也，故宜爲下也。⑦ 故大國以下小國則取小國，小國以下大國則取於大國。⑧ 故或下以取，或下而取。故大國不過欲兼畜人，小國不過欲入事人。⑨ 夫兩者各得其

---

① 非其鬼不神，其神不傷人，帛書本二句末各有"也"字，非。

② 非其神不傷人，聖人亦不傷人，帛書本二句末亦各有"也"字，非；後句"人"字，原無，從諸本增。

③ 德，景龍碑本作"得"，義同。

④ 下流也，傅本前有"天下之"三字，後人誤增；"也"字原無，從帛書本增。○下流，河之下游。

⑤ 天下之交也天下之牝也，二"也"字原無，從帛書本增，判斷句。

⑥ 牝常以靜勝牡，傅本"靜"作"靖"，義同。

⑦ 以其靜也故宜爲下也，原作"以靜爲下"，據帛書本、傅本改。傅本作"以其靖，故爲下也"，帛書本作"爲其靜也，故宜爲下也"。

⑧ 故大國以下小國則取小國，傅本"取"後有"於"字，非。小國以下大國則取於大國，"於"字原無，從傅本、帛書本增。

⑨ 故大國不過欲兼畜人，"故"字原無，從帛書本增。

所欲，則大者宜爲下。①

【訓譯】

大國，好比河流的下游，是天下的交會，也是天下的雌性。雌性常以安靜勝雄性。因爲它安靜不動，所以在下位。因此，大國謙下於小國，就能取小國；小國謙下於大國，就會被大國所取。（可見）有的是靠謙下而取，有的是因謙下被取。所以，大國不要過分想兼并人，小國也不要過於想投靠人。（要想讓）兩者都得到其所想要的，大國就應當謙下。

六十二章

這一章講“道”的重要性，教人重“道”。河上公本題“爲道”，守道也。

道者，萬物之奧，善人之所寶，不善人之所保。② 美言可以市尊，美行可以加人。③ 人之不善，何棄之有？故立天子，置三公。雖有拱璧以先駟馬，不如坐進此道。④ 古之所以貴

---

① 夫兩者各得其所欲，傅本無“夫”字，帛書本作“夫各得其欲”，義同。景龍碑本“夫”作“此”，亦同。則大者宜爲下，“則”字原無，從帛書本增。傅本作“故”，非。

② 萬物之奧，傅本、帛書本末有“也”字；帛書本“奧”作“注”，借爲“主”，義同。善人之所寶，“所”字原無，從傅本增；帛書本末有“也”字，義同。不善人之所保，帛書本末有“也”字；景龍碑本“所”後有“不”字，非。

③ 美言可以市尊，傅本“市”前有“於”字，當衍。美行可以加人，“美”字原無，從俞樾説據《淮南子》所引增；傅本“行”誤“言”，“人”前有“於”字。

④ 雖有拱璧以先駟馬，帛書乙本“拱”作“共之”，非。坐進此道，帛書本作“坐而進此”，義同；傅本作“進此道也”，非。○拱璧，形容貴重的禮品。駟馬，指派軍隊突襲。

此道者何？① 不曰求以得，有罪以免耶？② 故爲天下貴。

【訓譯】

“道”，是萬物的主人，是善人所寶貴的，也是不善之人所要保守的。漂亮的言語可以買來尊嚴，美好的行爲可以加之於人。（那麽，）人若不善，怎麽能够拋棄他？所以立天子，設三公，（進行教化。）（但是，對於不聽教化的國家，）即使是先送重禮引誘，後動兵馬威脅，也不如坐着給他講説這“道”。古人看重這“道”的原因是什麽呢？不是説（懂得“道”）求就可以得，（得到“道”）有罪就可以免嗎？所以“道”被天下人看重。

六十三章

這一章講國君對待人民的態度及處理事務的方法，教人以小爲大，以易爲難。河上公本題“恩始”，以恩爲始，報怨以德也。

爲無爲，事無事，味無味。大小多少，報怨以德。圖難於其易，爲大於其細。③ 天下之難作於易，天下之大作於細。④ 是以聖人終不爲大，故能成其大。夫輕諾必寡信，多易必多

---

① 古之所以貴此道者何，傅本、帛書本末有“也”字，義同。

② 不曰求以得，“曰”字原誤作“日”，今改正；帛書本作“胃（謂）”，是其證。“求以”原作“以求”，改從傅本、帛書本。有罪以免耶，“耶”字傅本、王本作“邪”，帛書本作“與”，義同；景龍碑本“免”作“勉”，無“耶”字，非。

③ 圖難於其易爲大於其細，傅本、帛書本二“於”皆作“乎”，義同；景龍碑本無“其”字，省。

④ 此二句原作“天下難事必作於易，天下大事必作於細”，今從帛書本。

難。[1] 是以聖人猶難之，故終無難。[2]

【訓譯】

(國君要)作無爲的爲，做無事的事，品無味的味。(人民的)怨恨不論大小多少，都要以恩德相報。謀難事要從容易處入手，做大事要從細小處開始。(因爲)天下所有的難都起於易，所有的大都起於小。因而聰明君主始終不做大事，所以能成其大事。答應得容易，必定缺少誠信；容易的事多，必定難事也多。因而聰明君主尚且以容易爲困難，所以他最終没有困難。

六十四章

這一章前半主要講"爲之於未有，治之於未亂"的道理；後半主要講無爲則無敗，無執則無失的道理，教人回歸自然而無爲，宜爲兩章。河上公本題"守微"，其微易散也。

其安易持，其未兆易謀，[3]其脆易破，其微易散。[4] 爲之於未有，治之於未亂。[5] 合抱之木，生於毫末；九層之臺，起

---

① 夫輕諾必寡信多易必多難，傅本"輕諾"、"多易"後均有"者"字，非。郭店簡本以上作"大小之，多易必多難"，脱八句。

② 故終無難，帛書乙本作"終於無難"，非；傅本、王本末有"矣"字，亦非。

③ 其安易持其未兆易謀，郭店簡本"安"後、"持"後、"兆"後、"謀"後皆有"也"字，古本；帛書本"安"後、"持"後有"也"字，以下闕。

④ 其脆易破其微易散，"破"字傅本、郭店簡本作"判"，義同；王本作"泮"，借字。郭店簡本"脆"後、"判"後、"微"後、"散"後皆有"也"字，古本。

⑤ 爲之於未有治之於未亂，傅本、帛書本、郭店簡本"於"(或作"乎")後有"其"字，帛書本末有"也"字；郭店簡本"於未有"作"於其亡有也"，古本，義同。

於累土；[1]千里之行[2]，始於足下。

爲之者敗之，執之者失之。[3] 是以聖人無爲，故無敗；[4]無執，故無失。[5] 民之從事，常於幾成而敗之。[6] 慎終如始，則無敗事。[7] 是以聖人欲不欲，不貴難得之貨；[8]學不學，復衆人之所過；[9]以輔萬物之自然，而不敢爲。[10]

【訓譯】

安定容易掌握，未顯徵兆容易圖謀；脆弱容易打破，細微容易消散。(所以，事情要)在還没出現的時候做，(國家要)在還没混亂的時候治。一摟大的樹，從纖細的樹苗長成；九層高的土臺，從一小筐土累起；千里行程，從脚下開始。

做它的人敗壞它，握持它的人失掉它。所以聰明君主不作爲，也就没有敗壞；不握持，也就没有丢失。百姓做事，常常失敗於快要完

---

① 九層之臺，傅本、帛書本、郭店簡本“層”作“成”，借字。起於累土，帛書本作“纍土”，“纍”爲本字。○累土，一筐土，“累”借爲“纍”。

② 千里之行，帛書甲本作“百仁(仞)之高”、乙本作“百千之高”，疑非。

③ 爲之者敗之執之者失之，“爲”後、“執”後“之”字原無，從帛書本、郭店簡本增。

④ 是以聖人無爲故無敗，“是以”原無，從傅本、景龍碑本、帛書乙本、郭店簡本增。

⑤ 無執故無失，帛書本“執”後、“失”後均有“也”字，義同。郭店簡本此句後有“臨事之起”，疑衍。

⑥ 常於幾成而敗之，傅本、帛書乙本“幾成”前有“其”字，當是。

⑦ 慎終如始則無敗事，傅本、帛書本、郭店簡本末有“矣”字，帛書本前更有“故曰”二字，郭店簡本前有“臨事之紀”四字。

⑧ 不貴難得之貨，帛書本前有“而”字，義同。

⑨ 復衆人之所過，傅本前有“以”字，帛書本有“而”字，義同。衆人之所過，無爲也。

⑩ 以輔萬物之自然而不敢爲，郭店簡甲本前有“是古(故)聖人”四字，丙本前有“是以”二字，“以”、“敢”均作“能”，疑非。帛書本“以”亦作“能”，借爲“而”；傅本末有“也”字，義同。

成的時候。(這是他們没有慎始慎終。)如果慎終如始,就没有失敗的事。所以聰明君主没有欲望,不看重難得的財貨;不學習,而回到衆人以爲錯誤的地方,以輔助萬物自然形成,而不敢作爲。

六十五章

這一章論以"玄德"治國,主張愚民。河上公本題"淳德",即玄德也。

古之爲道者,非以明民,將以愚之也。① 民之難治,以其智多也。② 以智治國,國之賊也;③不以智治國,國之福也。④ 知此兩者,亦楷式也。⑤ 常知楷式,是謂玄德。⑥ 玄德深矣遠矣,與物反矣,⑦乃至於大順。⑧

【訓譯】

古代講"道"的人,不是爲了使人聰明,而是爲了使人無知。人民

---

① 古之爲道者,"爲"前原有"善"字,從帛書乙本删。甲本作"故曰爲道者",誤。非以明民將以愚之也,"也"字原無,從傅本、帛書本增。帛書本"民"後亦有"也"字。景龍碑本"民"作"人",義同。○爲,謂講説。

② 民之難治以其智多也,"也"字原無,從傅本、帛書本增。帛書本"治"後亦有"也"字。

③ 以智治國國之賊也,"也"字原無,從傅本、帛書本增。

④ 不以智治國,傅本"智"作"知",古今字。國之福也,"也"字原無,從傅本、帛書本增。"福"字帛書本作"德",疑誤。

⑤ 亦楷式也,諸本"楷"作"稽",誤字,下同;傅本、帛書本前有"常"若"恒",非。"也"字原無,從傅本、帛書本增。

⑥ 常知楷式,傅本"常"作"能",非。

⑦ 玄德深矣遠矣與物反矣,景龍碑本無三"矣"字,省。物,指人,常人。

⑧ 乃至於大順,王本、景龍碑本前有"然後"二字,傅本作"乃復至於大順",義同。

之所以難治,是因爲他們智慧多。所以用智慧治國,是國家的害;不用智慧治國,是國家的福。懂得這兩點,也(就可以把它)做爲治國的楷式。經常記着這楷式,這叫"玄德"。"玄德"既深又遠,一旦與常人的認識相反了,就會到達大順。

六十六章

這一章講國君居上臨下之道:以言下之、以身後之,不與民爭。河上公本題"後己",以身後民也。

江海所以能爲百谷王者,① 以其善下之,故能爲百谷王。② 是以聖人欲上民,必以其言下之;③ 欲先民,必以其身後之。④ 是以聖人處上而民不重,處前而民不害,⑤ 是以天下樂推而不厭。⑥ 以其不爭,故天下莫能與之爭。⑦

---

① 江海所以能爲百谷王者,景龍碑本無"者"字,省。

② 以其善下之,傅本、帛書乙本末有"也"字,郭店簡本作"以其能爲百谷下"。故能爲百谷王,帛書本、郭店簡本"故"作"是以",義同。

③ 是以聖人欲上民,王本無"聖人",非。帛書本作"是以聖人之欲上民也",義同。郭店簡本作"其在民上也",在"以身後之"句後。景龍碑本"上民"作"上人",義同。必以其言下之,"其"字原無,從傅本、帛書本增。郭店簡本無"必"字,省。

④ 欲先民,郭店簡本作"聖人之在民前也"。景龍碑本"民"作"人",義同。必以其身後之,"其"字原無,從傅本、帛書本增。郭店簡本無"必"字,省。

⑤ 是以聖人處上而民不重,帛書本作"故居上而人弗重也",郭店簡本作"其在民上也,民弗厚也",義大同。處前而民不害,傅本作"處之前而人不害也",帛書本"處"作"居",郭店簡本作"其在民前也,民弗害也",義同。

⑥ 是以天下樂推而不厭,帛書本末有"也"字,義同。郭店簡本無"是以",省。

⑦ 以其不爭,王本同,郭店簡本末有"也"字,是;傅本前有"不"字,帛書本作"非以其無爭與",皆非。故天下莫能與之爭,帛書本無"之"字,省。景龍碑本無"能"字,亦省。

【訓譯】

江海之所以能成爲百川所歸往,原因是它們善於處在低下的位置。因此,聰明君主想要居人民之上,就必須用其言語對人民表示謙下;想要在人民之前,就必須把自身置於人民之後。正因爲這樣,聰明君主高居其上而人民不覺得重,身在其前而人民不以爲害,所以全天下都樂於推戴而不厭棄他。也是因爲他不爭,所以天下没有誰能與他爭。

六十七章

這一章講大者似不肖的道理,以及三種致大的法寶。三寶皆似不大,但能致大。前人或謂此章前數句錯簡,非。河上公本題"三寶",如其文。

天下皆謂我道大,似不肖。① 夫唯不肖,故能大。② 若肖,久矣其細。③ 我有三寶,持而保之:一曰慈,二曰儉,三曰不敢爲天下先。④ 慈,故能勇;⑤儉,故能廣;⑥不敢爲天下先,故能成器長。⑦ 今舍慈且勇,舍儉且廣,舍後且先,死

---

① 天下皆謂我道大,傅本"我"作"吾",義同。後同。"道"字原無,從王本增。似不肖,帛書乙本作"大而不肖",非。景龍碑本無"似"字,省。

② 夫唯不肖故能大,原作"夫唯大故似不肖"(景龍碑本無"似"字),今從帛書乙本,與下協。

③ 若肖久矣其細,諸本末有"也夫"二字,語氣詞。

④ ○不敢爲天下先,謂不創始,不在前。

⑤ 慈故能勇,傅本、景龍碑本、帛書本首有"夫"字,發語詞。○《論語》孔子曰:"仁者必有勇。"

⑥ ○節儉則有所積,故能廣。

⑦ 故能成器長,帛書乙本"能"後有"爲"字,非。○成器,作爲完整之器。

矣。[1] 夫慈,以戰則勝,以守則固。[2] 天將救之,以慈衛之。[3]

【訓譯】

天下都説我講的"道"大,似乎又不像。正因爲不像,所以才大。如果像,早就細小了。我有三件寶貝,掌握而保有它:一叫仁慈,二叫節儉,三叫不敢走在别人前。仁慈,所以能勇敢;節儉,所以能廣大;不敢走在别人前,所以能持續時間長。如果舍棄仁慈而勇敢,舍棄節儉而廣大,舍棄在後而爭先,就死定了。那仁慈,用來攻就勝利,用來守就牢固。所以天如果想救誰,就用慈仁護衛他。(使他仁慈。)

六十八章

這一章主要講"善用人者居其下"的道理,教人用人之力,配合自然。故河上公本題"配天",直接取自章内。

善爲士者不武,[4]善戰者不怒,善勝敵者不與,[5]善用人者爲之下。[6] 是謂不爭之德,是謂用人之力,[7]是謂配天,古

---

① 今舍慈且勇,傅本、帛書本"舍"後有"其"字,下同。死矣,帛書本前有"則必"二字;傅本作"是謂入死門",義同。

② 以戰則勝,傅本作"以陳則正",非。

③ 天將救之,帛書本"救"作"建",義略同。以慈衛之,帛書本作"如以慈垣之",義略同。〇以慈衛之,使其仁慈也。

④ 善爲士者不武,傅本、景龍碑本前有"古之"二字,帛書本首有"故"字,並非。

⑤ 善勝敵者不與,"敵"原誤作"戰",據諸本改;傅本、景龍碑本"與"作"爭",非。〇與,謂對打。

⑥ 善用人者爲之下,"之"字原無,從諸本增。景龍碑本"人"作"仁",非。

⑦ 是謂用人之力,帛書本無"之力"二字,非。景龍碑本"謂"作"以",非。

之極也。①

【訓譯】

善於做戰士的不勇猛,善於打仗的不憤怒,善於勝敵的不交手,善於用人的居其下。這叫不爭之德,這叫用別人的力,這叫配合自然,是古代的準則。

六十九章

這一章戒輕敵。河上公本題"玄用",即章内所謂"行無行,攘無臂,仍無敵,執無兵"之類。

用兵有言:②吾不敢爲主,而爲客;③不敢進寸,而退尺。是謂行無行,攘無臂,仍無敵,執無兵。④ 禍莫大於輕敵,⑤輕敵幾喪吾寶。⑥ 故抗兵相若,⑦則哀者勝矣。⑧

---

① 古之極也,"也"字原無,從傅本、帛書本增。舊或讀"是謂配天古之極",謬。

② 用兵有言,傅本、帛書本末有"曰"字,古本。〇有言,謂講究。

③ 〇爲主,謂進犯。爲客,謂防守。

④ 仍無敵執無兵,傅本、帛書本二句倒,義同;王本"仍"作"扔",帛書本作"乃",皆借字。

⑤ 禍莫大於輕敵,傅本、帛書本"輕敵"作"無敵",疑因上"無敵"誤改。下同。

⑥ 輕敵幾喪吾寶,傅本作"無敵則幾亡吾寶",帛書本作"無敵近亡吾葆(寶)矣",皆非。〇寶,疑借爲"保",指舊所保有者。

⑦ 故抗兵相若,"若"原作"加",當是"如"字之誤,今從傅本、帛書本。〇抗兵,相對抗之兵。相若,相當。

⑧ 則哀者勝矣,"則"字原無,從傅本、景龍碑本、帛書本增;景龍碑本無"矣"字,省。

【訓譯】

用兵講究：我不敢主動進犯，而願意被動防守；我不敢前進一寸，而願意後退一尺。這叫行不行的軍，挽無臂的袖子，利用無形的敵人，執無形的兵器。災禍没有比輕敵更大的，輕敵幾乎會喪失我們全部保有的。所以對抗的雙方力量相當，則低調可憐的一方獲勝。

七十章

這一章表面是老子以“知我者希則我貴”的邏輯自詡，實際是感嘆天下莫能知其言，莫能行其道，故河上公本題爲“知難”。

吾言甚易知，甚易行；①天下莫能知，莫能行。② 言有宗，事有君。③ 夫唯無知，是以不我知。④ 知我者希，則我貴矣。⑤是以聖人被褐而懷玉。⑥

【訓譯】

我講的話很容易懂，也很容易實行，而天下卻没有人懂，没有人能實行。説話有宗旨，做事有其主。正因爲他們不瞭解我説話的宗旨，所以不瞭解我。瞭解我的人少，那我就尊貴了。所以聰明君主身

---

① 吾言甚易知甚易行，帛書本二句末各有“也”字，義同。

② 天下莫能知莫能行，傅本作“而人莫之能知，莫之能行”，帛書本作“而天下莫之能知也，莫之能行也”，義同。

③ 言有宗事有君，帛書乙本前有“夫”字，當是，發語詞。

④ 夫唯無知是以不我知，帛書本無“夫”字，“不知”後有“也”字；傅本後句末有“也”字，義並同。

⑤ 知我者希，傅本“希”作“稀”，古今字。則我貴矣，“貴矣”原作“者貴”，涉上誤，改從傅本、帛書本。

⑥ “而”字原無，從傅本、帛書本增。

披粗褐，而懷揣美玉，（就是怕被人知道）。

七十一章

這一章戒不知以爲知，與《論語》“知之爲知之，不知爲不知，知矣”思想大同。河上公本題“知病”，謂不知以爲知之病也。

知不知，上；不知知，病。① 聖人不病，以其病病。② 夫唯病病，是以不病。③

【訓譯】

知道自己不知道，最好；不知道以爲知道，是毛病。聰明君主不生這種毛病，因爲他怕生這種毛病。正因爲怕生這種毛病，所以不生這種毛病。

七十二章

這一章教國君自知自愛，不要限制民居，不要壓制民生。河上公本題“愛己”，即自愛也。

---

① 知不知上不知知病，傅本、帛書本“上”作“尚矣”，“病”作“病矣”，義同。〇不知知，不知以爲知。

② 〇病病，以病爲病，擔心其病痛。

③ 按：“聖人”以下，原作“夫唯病病，是以不病。聖人不病，以其病病，是以不病”，景龍碑本作“是以聖人不病。以其病病，是以不病”。帛書本無“夫唯病病，是以不病”；傅本“聖人”後有“之”字，帛書本作“是以聖人之不病”；帛書乙本“以其病病”末有“也”字；傅本“是以不”後有“吾”字：皆不暢順。今從《太平御覽·疾病部》所引，與景龍碑本相近。

民不畏威，則大威至矣。① 無狹其所居，無厭其所生。② 夫唯不厭，是以不厭。③ 是以聖人自知而不自見，自愛而不自貴。④ 故去彼取此。

【訓譯】

人民如果不懼怕威嚴，（君主的）大威脅就要到了。（所以，君主）不要限制人民的居所，不要壓制他們的生活。正因爲不壓制，所以人民才不厭惡。因此，聰明君主自知而不自現，自愛而不自貴。所以，（我主張）去彼取此。

七十三章

這一章教人從天道。果敢不合天之道，故殺。河上公本題“任爲”，疑與下章互誤，當作“制敢”，遏制果敢也。

勇於敢則殺，勇於不敢則活。⑤ 此兩者，或利或害。⑥ 天之所惡，孰知其故？⑦ 天之道，不戰而善勝，不言而善應，不

---

① 則大威至矣，“則”字原無，從諸本增；帛書本“至”前有“將”字，義顯；王本無“矣”字，省。景龍碑本作“大威至”，亦省。

② 無狹其所居，帛書本“無”作“毋”，本字，下同。“狹”傅本作“狎”、帛書本作“閘”，皆借字。〇厭，讀爲“壓”，壓制。所生，賴以生活者。

③ 夫唯不厭是以不厭，傅本“不”皆作“無”，非；帛書本前“不”作“弗”，義同。

④ 是以聖人自知而不自見自愛而不自貴，兩“而”字原無，從傅本、帛書乙本增。

⑤ 〇不敢，不果敢。活，使之活、不殺。

⑥ 此兩者，景龍碑本前有“知”字，非，後人所增。

⑦ 按“孰知其故”下原有“是以聖人猶難之”，涉三十六章衍，景龍碑、帛書本無此句，今從删。

召而自來，繟然而善謀。① 天網恢恢，疏而不失。②

【訓譯】

勇於果敢就殺，勇於不果敢就不殺。因爲這兩種人，一個有利，一個有害。（天厭惡勇於果敢，所以有害。）天所厭惡的，誰知道它的緣故？天的法則是：不戰而善於獲勝，不言而善於應答，不召請而自己到來，舒緩而善於謀劃。天網恢弘廣大，稀疏卻不遺漏。

七十四章

這一章講治國需要嚴法使民畏死，而且要有專人負責。河上公本題"制惑"，疑與上章互誤，當作"任爲"，任司殺也。

民不畏死，奈何以殺懼之？③ 若使民常畏死，而爲奇者，吾得而殺之，孰敢？④ 常有司殺者。⑤ 夫代司殺者殺，是代大

---

① 不戰而善勝，"戰"原作"爭"，改從帛書本。繟然而善謀，傅本"繟然"作"默然"，與前"不言"重復；帛書本作"彈"，借爲"繟"。○繟然，舒緩貌。

② 天網恢恢，帛書本"恢恢"作"經經"，義當同。○天網，大自然之網。

③ 民不畏死，傅本"不"前有"常"字，非；帛書乙本作"若民恒且不畏死"，"恒且"二字亦當衍。奈何以殺懼之，"殺"原作"死"，改從帛書本，與下文協；傅本作"如之何其以死懼之"，義同。

④ 若使民常畏死，帛書乙本作"使民恒且畏死"，"且"字疑衍。景龍碑本無"民"字，省。吾得而殺之，"得"後原有"執"字（景龍碑本"執"在前），從傅本、帛書乙本删。孰敢，傅本作"孰敢也"，帛書本作"孰敢矣"，義同。○爲奇，謂作奸犯科。

⑤ 常有司殺者，傅本、王本末有"殺"字，非。帛書本作"則恒有司殺者"，義同。

匠斫。① 夫代大匠斫者,希有不傷其手矣。②

【訓譯】

人民不怕死,爲什麽用殺去恐嚇他們?如果使人民經常怕死,而對那些作奸犯科的,我抓到就殺掉他,那誰還敢?(所以,)經常要有專門負責殺人的人。替專門負責殺人的人殺人,這是替大木匠砍木頭。那些替大木匠砍木頭的人,很少有不傷其手的。

七十五章

這一章戒國君厚斂、多事。河上公本題"貪損",貪之損也。

民之飢,以其上食税之多,是以飢。③ 民之不治,以其上有爲,是以不治。④ 民之輕死,以其求生之厚,是以輕死。⑤ 夫唯無以生爲貴者,是賢於貴生也。⑥

---

① 夫代司殺者殺,末"殺"字原脱(景龍碑本同),從諸本增。是代大匠斫,"是"後原有"謂"字,從傅本、王本、帛書本删。○大匠,技藝高超的木匠。

② 希有不傷其手矣,傅本"希"作"稀",同;"其"字原無,從諸本增;景龍碑本作"稀有不傷其手",帛書本作"則希不傷其手矣",義皆同。

③ 民之飢,傅本末有"者"字,帛書本作"人之飢也",義同。以其上食税之多,傅本末有"也"字;帛書本無"上"字,"食"前有"取"字,義同。

④ 民之不治,"不治"原作"難治",改從帛書本;傅本末有"者"字,帛書本有"也"字,義同,皆表原因。以其上有爲,傅本作"以其上之有爲也",帛書本作"以其上有以爲也",義同。是以不治,"不治"原亦作"難治",改從帛書本。

⑤ 民之輕死,傅本末有"者"字,帛書乙本末有"也"字,義同。以其求生之厚,傅本、帛書本末有"也"字;傅本重"生"字,義同。○輕死,謂不怕死,造反。求生之厚,求生活物質豐厚,不挨餓也。

⑥ 夫唯無以生爲貴者,"貴"字原無,從傅本增,與下協。是賢於貴生也,"也"字原無,從傅本增;帛書本無"於"字,脱。○貴生,與"輕死"是對,看重活着,不輕死。賢於貴生,即輕死。

【訓譯】

人民之所以飢餓，是因爲他們的君主徵稅太多，所以他們挨餓。人民之所以治理不好，是因爲他們的君主多事有爲，所以治理不好。人民之所以不怕死，是因爲他們想活得更好，所以輕生造反。只有不看重活着的人，才勝過看重活着。

七十六章

這一章講強大處下、弱小處上的道理，戒兵強，故河上公本題“戒強”。

人之生也柔弱，其死也堅強。① 草木之生也柔脆，其死也枯槁。② 故曰堅強者死之徒，柔弱者生之徒。③ 是以兵強則滅，木強則折。④ 故強大處下，柔弱處上。⑤

---

① 人之生也柔弱，景龍碑本“之生”二字倒，非；無“也”字，省。下同。其死也堅強，帛書本“堅強”前有有“犻恒仞”三字，疑衍。

② 草木之生也柔脆，“草木”前原有“萬物”，從傅本删，萬物非皆生也柔脆。

③ 故曰堅強者死之徒，“曰”字原無，從帛書本增；傅本、帛書本末有“也”字，義同。柔弱者生之徒，帛書本無“者”字，末有“也”字，義同。

④ 是以兵強則滅，傅本“強”後有“者”字，非。“滅”字原作“不勝”，韻不協，今從《列子·黄帝篇》引老聃曰。詳下。木強則折，“折”字原作“共”，傅本、景龍碑本同，王本作“兵”，今從俞樾説改。俞樾曰：“木強則兵，於義難通，河上公本作‘木強則共’，更無義矣。《老子》原文作‘木強則折’，因‘折’字闕壞，止存右旁之‘斤’，又涉上句‘兵強則不勝’，而誤爲‘兵’耳，‘共’字則又‘兵’字之誤也。《列子·黄帝篇》引老聃曰‘兵強則滅，木強則折’，即此章之文。”其説是，故從之。帛書甲本作“恒”、乙本作“競”，疑皆誤。

⑤ 故強大處下柔弱處上，“故”字原無，從傅本增。傅本、景龍碑本“強大”作“堅強”，非。帛書本“柔弱”後有“微細”，衍；“處”作“居”，義同。

【訓譯】

人活着的時候身體柔弱，死了僵硬。草木活着的時候又柔又脆，死了堅硬。所以説強硬是死的門徒，柔弱是生的門徒。因此兵力強大則滅，樹木高大就折。所以説強大處下風，弱小占上風。

七十七章

這一章言天之道以批判人之道，號召國君學天道，損有餘以補不足，故河上公本題“天道”。

天之道，其猶張弓乎！① 高者抑之，下者舉之；②有餘者損之，不足者與之。③ 天之道，損有餘而補不足；④人之道則不然，損不足以奉有餘。⑤ 孰能有餘以奉天下？⑥ 唯有道者乎。⑦ 是以聖人爲而不恃，功成而不處。⑧ 若此，其不欲見賢也。⑨

---

① 其猶張弓乎，傅本、王本“乎”作“歟”若“與”，義同；傅本“歟”前有“者”字，非；帛書本作“酉(猶)張弓也”，景龍碑本無“乎”字，皆省。

② ○高、下，指弓的位置説。抑，壓低。下，低。舉，抬起。

③ 不足者與之，諸本“與”作“補”，義同。景龍碑本作“與”，誤。

④ 損有餘而補不足，帛書乙本“補”作“益”，義同。

⑤ 人之道則不然，帛書乙本無“則不然”，疑是。損不足以奉有餘，景龍碑本無“以”字，省。

⑥ 孰能有餘以奉天下，王本同，傅本作“孰能損有餘而奉不足於天下者”，帛書本作“孰能有餘而有以奉於天下者”，義皆通。

⑦ 唯有道者乎，“乎”字原無，從傅本、帛書乙本增。景龍碑本作“其唯有道者”，義同。

⑧ 是以聖人爲而不恃，帛書乙本“不恃”作“弗又(有)”，義同。功成而不處，景龍碑本無“而”字，省；帛書乙本作“成功而弗居也”，義同。

⑨ 若此其不欲見賢也，“若此”原無，從帛書乙本增。“也”字原無，從帛書本增；傅本作“邪”，義同。景龍碑本作“斯不見賢”，義略同。

【訓譯】

自然的法則，大概像拉弓射箭吧：高了壓低它，低了抬高它；用力大了減一點，用力小了加一點。（可見）是減有餘而補不足。（如今）人的法則卻不是這樣：減不足，以供奉有餘。誰能自己有餘拿來供奉天下？只有懂得天道的人吧。所以聰明君主做了事而不依賴，功成了而不占居。像這，是他不想表現自己多才。

七十八章

這一章教國君柔弱受垢。河上公本題"任信"，任，憑也，似與原文不合。

天下柔弱莫過於水，而攻堅強者莫之能勝。① 其無以易之。② 弱之勝強，柔之勝剛，天下莫不知，而莫能行。③ 故聖人云：④受國之垢，是謂社稷之主；⑤受國之不祥，是謂天下之王。⑥

---

① 天下柔弱莫過於水，諸本作"天下莫柔弱於水"，義同。而攻堅強者莫之能勝，"之"原誤作"知"，改從諸本。傅本"勝"作"先"，義同；景龍碑本無"者"字，省；帛書本末有"也"字，是。

② 其無以易之，傅本、帛書本前有"以"字，非；末有"也"字，可。

③ 弱之勝強柔之勝剛，傅本二句倒，帛書乙本作"水之勝剛也，弱之勝強也"，"水"字誤。景龍碑本作"故弱勝強，柔勝剛"，省"之"字，"故"字不當有。莫不知，景龍碑本作"莫能知"，誤。而莫能行，"而"字原無，從傅本、帛書本增；二本末有"也"字，今不從，與上一律。

④ 故聖人云，王本"故"作"是以"，義同；帛書本作"故聖人之言云曰"，衍"曰"字。

⑤ 是謂社稷之主，"之"字原無，從傅本、帛書本增。

⑥ 是謂天下之王，"之"字原無，從傅本、帛書本增。按：此下原有"正言若反"四字，今移八十一章章首（參彼）。吴澄謂宜在下章章首，恐非。

【訓譯】

天下没有比水更柔弱的,而能攻破堅強的東西卻没有哪個能勝過它。(所以,)它是没有東西能替代的。弱能勝強,柔能勝剛。(這個道理)天下没有人不懂,卻没有人能够實行。所以聖人説:能承受一國的恥辱,才叫國家的主;能承受天下的不祥,才叫天下的王。

七十九章

這一章教國君做善人,不要結怨於民。河上公本題"任契",章内所謂"司契"。

和大怨,必有餘怨。① 安可以爲善? 是以聖人執左契,而不以責於人。② 有德司契,無德司徹。③ 天道無親,常與善人。④

【訓譯】

調和大怨,一定會有餘怨。(調和)怎麽可以算爲好辦法?(最好的辦法,是不結怨。)因此聰明人手裏握着借據,卻不向人討債,(就怕結怨)。有德的人主契約,(善良。)無德的人主徵税,(不善良。)天道没有親人,永遠幫助善良人。

---

① ○和大怨必有餘怨,怨不可和也。既不可和,則不可結也。

② 而不以責於人,"以"字原無,從帛書本增。景龍碑本無"而"字,省。○左契,借據。執左契而不責於人,善良也。

③ 有德司契,傅本、景龍碑本、帛書本前有"故"字,非。○司契者善,司徹者不善也。

④ 天道無親常與善人,帛書本前有"夫"字,當是;"常"作"恒",義同。

八十章

這一章講所謂"至治之極",是老子的理想社會,意在回歸原始,實際上也是對當時大國政治的反對。河上公本題"獨立",蓋從章内"各甘其食,美其服;安其居,樂其俗;鄰國相望,雞狗之聲相聞,民至老死不相往來"説。

小國寡民。使人有什伯之器而不用,①使民重死而不遠徙。② 雖有舟轝,無所乘之;③雖有甲兵,無所陳之;使民復結繩而用之。④ 至治之極:民各甘其食,美其服;⑤安其居,樂其俗;⑥鄰國相望,雞狗之聲相聞,民至老死不相往來。⑦

【訓譯】

使國家變小,使人口減少。使人民即使有強十倍百倍的器具也不使用,使人民看重死亡而不遠遷。即使有車船,也没有地方乘坐;即使有武器,也没有地方陳放。使人民恢復結繩記事的方法,去使用它。國家治理得最好的狀況是:百姓各以自己的食物爲最好吃,各以自己的服飾爲最漂亮;各以自己的居所爲最安適,各以自己的風俗爲

---

① 使人有什伯之器而不用,"人"原在"什伯"後,從傅本(作"民")移,王本"什伯"後亦無"人"字;帛書本作"使有十伯人器而勿用",景龍碑本無"人"字,皆非,此"人"與後句"民"字相對。

② 不遠徙,帛書本無"不"字,脱。〇重死,看重死亡,不輕死。徙,遷徙。

③ 雖有舟轝無所乘之,帛書本"舟轝"作"車",義同;無"雖"字,下同,皆省。〇轝,同"輿"。舟輿,車船。乘,乘坐。

④ 使民復結繩而用之,王本"民"作"人",義同。〇結繩,在繩子上打結,上古記事、記數的方法。

⑤ 至治之極民各甘其食美其服,"至治之極民各"六字原無,從傅本增。

⑥ 安其居,樂其俗,帛書本二句倒,傅本作"安其俗樂其業",非。

⑦ 民至老死不相往來,"死"字原無,從諸本增。傅本前有"使"字,非,與前重復;"相"後有"與"字,亦不必。

最快樂;鄰國的人相互能够望見,雞鳴狗叫的聲音相互能够聽見,而人民到老死都不相往來。

八十一章

這一章前半講"正言若反",後半講"聖人"之道,宜作兩章。河上公本題"顯質",質,實也。顯質,顯其實質也,即所謂"信言不美,美言不信。善者不辯,辯者不善。知者不博,博者不知"。

正言若反。① 信言不美,美言不信。善者不辯,辯者不善。② 知者不博,博者不知。

聖人不積,③既以爲人,己愈有;既以與人,己愈多。④ 天之道,利而不害。⑤ 聖人之道,爲而不爭。⑥

【訓譯】

正話像反話。(所以,)誠實的話不漂亮,漂亮的話不誠實。善良的人不雄辯,雄辯的人不善良。有真知的人不淵博,淵博的人没真知。

聰明的君主不積蓄,越是全部拿來幫助人民,自己越有;越是全部拿來給人民,自己越多。天的法則是,給萬物好處而不傷害萬物。聰明君主的法則是,(爲民)做事而不爭奪民利。

---

① 正言若反,按此句原錯在七十八章末,今移此,與下協。

② 善者不辯辯者不善,傅本"者"皆作"言",涉上誤;帛書乙本作"善者不多,多者不善"(在"知者"二句後),非。

③ 聖人不積,傅本、帛書本"不"作"無",義同。

④ 既以與人,帛書本"與"作"予",末有"矣"字,義同。

⑤ 天之道,帛書本前有"故"字,非。

⑥ 聖人之道,帛書本無"聖"字,非。

參考書目

《郭店楚墓竹簡老子》,文物出版社 1998 年版

《馬王堆漢墓帛書老子》,文物出版社 1976 年版

[漢]河上公《道德真經注》,明正統《道藏》本

[魏]王弼《道德真經注》,明正統《道藏》本

[南齊]顧歡《道德真經注疏》,明正統《道藏》本

[唐]唐玄宗御注《道德真經疏》,明正統《道藏》本

[唐]張君相《道德真經集解》,清《宛委别藏》本

[宋]司馬光《道德真經論》,明正統《道藏》本

[宋]吕惠卿《道德真經傳》,明正統《道藏》本

[金]王守正《道德真經衍義》,明正統《道藏》本

[元]吴澄《道德真經注》,明正統《道藏》本

[明]明太祖《明太祖高皇帝御注道德真經》,明正統《道藏》本

[明]薛蕙《老子集解》,《叢書集成初編》本

[清]張爾岐《老子説略》,《四庫全書》本

[清]董德寧《老子道德經本義》,《叢書集成初編》本

[清]俞樾《老子平義》,《春在堂全書》本

王力《老子研究》,商務印書館 1928 年版

朱謙之《老子校釋》,中華書局 1984 年版

陳鼓應《老子注譯及評介》,中華書局1984年版
任繼愈《老子新釋》,上海古籍出版社1985年版
許抗生《帛書老子注譯與研究》,浙江人民出版社1985年版
張默生《老子章句新釋》,成都古籍書店1988年版
王垶《老子新編校釋》,遼沈書社1990年版
常梅蔭《老子道德經真義》,宏大出版社(臺北)1990年版
馮達甫《老子譯注》,上海古籍出版社1991年版
高明《帛書老子》,中華書局1996年版
高亨《老子正詁》,中國書店1998年影印本
尹振環《楚簡老子辨析》,中華書局2001年版
徐志鈞《老子帛書》,學林出版社2002年版
[美]韓禄伯著、邢文改編、余瑾翻譯《簡帛老子研究》,學苑出版社2002年版
廖明春《郭店楚簡老子校釋》,清華大學出版社2003年版
袁培智、袁輝《老子新譯》,宗教文化出版社2003年版
沈善增《還吾老子》,上海人民出版社2004年版
張松輝《老子研究》,人民出版社2006年版
劉笑敢《老子古今五種對勘與析評引論》,中國社會科學出版社2006年版
尹振環《帛書老子再釋義》,商務印書館2007年版
鄭張歡《老子今釋》,齊魯書社2008年版
羅尚賢《老子章段今解》,廣東經濟出版社2008年版
董京泉《老子道德經新編》,中國社會科學出版社2008年版
辛占軍《老子譯注》,中華書局2008年版

索　引

説明:本索引選《老子》原文之主要或出現頻率較高的字詞,以筆劃爲序出之;各字詞下順序出其所在文句,文句後之數位爲該文句所在章次。讀者檢索自己所知文句中之任意一主要或常用字詞,即可檢知該文全句及其所在章次,並進而查知其上下文;亦可根據索引所列,對原文同一字詞之用法用例進行比較研究。

一畫

二畫

人

三畫

小

上

下

士

久

四畫

心

天

天地

天下

王

不

五畫

功

民

失

六畫

成

死

朴

有

自

自然

名

先

行

七畫

谷

八畫

長

知

始

明

事

九畫

十畫

十一畫

國

傷

得

十二畫

無

強

道

十三畫

聖人

十五畫以上

器

禮

寵